*In Erinnerung an Terry Kristie Hall, die uns nicht im Unklaren darüber ließ, was auf ihrer Beerdigung gesagt werden sollte.*

*Und mit Dank an ihre Geschwister Sue, Steve und Lynn, die dies gedruckt haben wollten. Das brachte den Ball ins Rollen. Es hätte sie so gefreut.*

# Inhalt

# Vorwort

Mit zunehmendem Alter werden Tim und ich immer häufiger mit dem Tod konfrontiert, sowohl seelsorgerisch als auch persönlich. Engste Freunde und Familienangehörige sterben. In den letzten anderthalb Jahren gab es drei Todesfälle in unserer Familie; allein in den letzten drei Monaten haben wir sowohl mit einem Freund als auch mit einem Familienmitglied darüber gesprochen, wie sie mit ihrem bevorstehenden Tod umgehen können. Vieles von dem, was wir in diesen Gesprächen gesagt haben, steht in diesem Buch.

Die Grundlage dieses Buchs ist eine Predigt, die mein Mann bei der Beerdigung meiner Schwester Terry Hall am 6. Januar 2018 gehalten hat. Sie starb am Weihnachtstag zu Hause, umgeben von ihrer Familie, nach einem langen Kampf mit metastasierendem Brustkrebs. Sie wusste, dass sie sterben würde, und nahm sich viel Zeit, um uns zu sagen, wie ihre Trauerfeier gestaltet werden sollte. Sie bestand darauf, dass Tim bei ihrer Beerdigung das Evangelium predigen und nicht nur über ihr Leben sprechen sollte (sosehr wir sie auch geliebt und geschätzt haben). Sie wusste, dass „der Tod dazu neigt, den Geist wunderbar zu konzentrieren“[1], und sie wollte, dass die Teilnehmer an ihrer Trauerfeier auf ihr eigenes Sterben vorbereitet werden.

Dieses Buch ist ihr gewidmet, ebenso wie ihrem Mann Bob und ihren Töchtern Ruth Hall Ramsey und Rachael

Hall. Die Predigt an diesem Tag war nach allem, was man hört, bewegend und denkwürdig. Die Bitte um die Veröffentlichung kam von ihren Schwestern Sue und Lynn und ihrem Bruder Steve.

*Kathy Keller, Juli 2018*

# Zur deutschen Ausgabe

Das amerikanische Original dieses Buchs ist Teil einer kleinen Reihe, die sich mit den großen Ereignissen des Lebens befasst: „On Birth“, „On Marriage“ und eben „On Death“ – über den Tod.[2] Es besteht aus den ersten beiden Kapiteln der deutschen Ausgabe: „Die Angst vor dem Tod“ und „Die Zäsur des Todes“ sowie den Anhängen. Wie Timothy Keller selber schreibt, erhielt er kurz nach Erscheinen des Buchs die Diagnose Bauchspeicheldrüsenkrebs.

Während der Arbeiten an der deutschen Ausgabe publizierte er im *Atlantic* einen Artikel „Growing My Faith in the Face of Death“[3]. Hier beschreibt er sehr persönlich, wie er mit der Aussicht auf seinen eigenen nahen Tod umgegangen ist. Er schildert, wie er sich das, was er vorher anderen gepredigt und im Kopf auch selbst geglaubt hat, selbst in Kopf und Herz angeeignet hat.

Das Buch „Über den Tod“ wäre nun ohne diese wesentliche Ergänzung unvollständig gewesen – weshalb wir diesen Artikel, mit freundlicher Genehmigung von Timothy Keller, der deutschen Ausgabe als drittes Kapitel angefügt haben. Gerade diese Ergänzung zeigt, dass zwischen dem, was Keller als Theologe über den Tod zu sagen hat, und dem, was er als Mensch existenziell durchlebt hat, kein Widerspruch besteht. Im Gegenteil: Seine theologischen Einsichten haben sich, bei allen inneren Kämpfen, im harten Test des Lebens als tragfähig herausgestellt.

*Uwe Bertelmann, Lektor*

# 1. Die Angst vor dem Tod

## *So macht Bewusstsein Feige aus uns allen (Hamlet)*

*So konnte er durch den Tod den entmachten, der mit Hilfe des Todes seine Macht ausübt, nämlich den Teufel, und konnte die, deren ganzes Leben von der Angst vor dem Tod beherrscht war, aus ihrer Sklaverei befreien.*
*Hebräer 2,14-15*

Der Tod ist die große Zäsur, die geliebte Menschen von uns nimmt – oder uns von ihnen.

Der Tod ist die große Trennung, in der die materiellen von den immateriellen Teilen unseres Wesens abgespalten werden und einen ganzen Menschen zerreißt, der nie dazu bestimmt war, auch nur für einen Augenblick körperlos zu sein.

Der Tod ist die große Beleidigung, denn er erinnert uns daran, dass wir, wie Shakespeare sagte, Futter für die Würmer sind.[4]

*So ist der Mensch buchstäblich in zwei Hälften gespalten: Er weiß um seine eigene, herrliche Einmaligkeit, weil er sich überall von der Natur abhebt und sie überragt, und doch braucht er nur ein paar*

*Meter unter die Erde zu gehen, um blind und stumm zu verwesen und für immer zu verschwinden.*[5]

Der Tod ist abscheulich und beängstigend, grausam und unnormal. Leben ist nicht so, wie es sein sollte, und unsere Trauer im Angesicht des Todes erkennt das an.

Der Tod ist unser großer Feind, mehr als alles andere. Er erhebt seinen Anspruch auf jeden Einzelnen von uns und verfolgt uns unerbittlich all unsere Tage. Moderne Menschen schreiben und reden endlos über die Liebe, vor allem über die romantische Liebe, die viele vergeblich suchen. Aber niemand kann dem Tod entgehen. Jemand hat mal gesagt, dass alle Kriege und Seuchen die Zahl der Toten nie erhöht haben – es war immer ein Tod pro Mensch. Dennoch scheinen wir weit weniger darauf vorbereitet zu sein als unsere Vorfahren. Woran liegt das?

## Der Segen der modernen Medizin

Ein Grund dafür ist paradoxerweise, dass der große Segen der modernen Medizin den Tod und das Sterben vor uns verbirgt. Annie Dillard widmet in ihrem Roman *The Living* eine ganze Seite der erstaunlichen Vielfalt an Möglichkeiten, wie der Tod im 19. Jahrhundert die Lebenden ohne Vorwarnung aus ihren Häusern und Familien riss:

*Frauen bekamen Fieber und starben, weil sie Kinder zur Welt brachten, und die Kinder starben an den Strapazen oder der schlechten Luft. Männer starben durch Flüsse und Pferde, Stiere, Dampfsägen, Mühl-*

*räder, Steinschlag, umstürzende Bäume oder rollende Baumstämme [...] Kinder kamen ums Leben, weil [...] harte Dinge wie Bäume sie zertrümmerten, oder der Boden, wenn Pferde sie abwarfen, oder sie hinfielen; sie ertranken im Wasser; oder sie wurden krank und Ohrenschmerzen bohrten sich in ihr Hirn, Fieber von Masern verbrannte sie oder eine Lungenentzündung ließ sie über Nacht sterben.*[6]

Der Tod war etwas, was die Menschen aus nächster Nähe erleben konnten. Um nur ein Beispiel zu nennen: Der bekannte britische Pfarrer und Theologe John Owen (1616–1683) überlebte jedes seiner elf Kinder und auch seine erste Frau. Da die Menschen dort starben, wo sie lebten, nämlich zu Hause, sah Owen buchstäblich fast jeden Menschen, den er liebte, vor seinen Augen sterben. In der Kolonialzeit verlor eine durchschnittliche Familie in den Vereinigten Staaten eines von drei Kindern, bevor es erwachsen war. Und da die Lebenserwartung aller Menschen zu jener Zeit bei etwa vierzig Jahren lag, verloren viele ihre Eltern, als sie noch Kinder waren. Fast jeder wuchs mit dem Anblick von Leichen und dem Tod von Verwandten auf, ob jung oder alt.[7]

Medizin und Wissenschaft haben uns von vielen Ursachen für einen frühen Tod befreit. Heute stirbt die große Mehrheit der Menschen in Krankenhäusern und Hospizen, weit weg von den Augen der anderen. Heutzutage ist es normal, dass ein Erwachsener noch niemanden sterben gesehen und noch nicht einmal einen Leichnam zu

Gesicht bekommen hat, außer vielleicht beim kurzen Blick auf einen offenen Sarg bei einer Beerdigung.

Atul Gawande hat wie manche andere darauf hingewiesen, dass diese Verborgenheit des Sterbens in der modernen Gesellschaft auf die Neigung aller Kulturen hinweist, die Unausweichlichkeit des Todes zu verleugnen. In Psalm 90,12 werden die Leser wörtlich dazu aufgefordert, ihre Tage zu zählen, damit wir „ein Herz voll Weisheit erlangen". Die Gefahr war schon immer gegeben, dass Menschen ihren eigenen Tod ausblenden. Natürlich wissen wir intellektuell und rational, dass wir sterben werden, aber tief im Inneren verdrängen wir es und tun so, als würden wir ewig leben. Das ist *nicht weise*, wie der Psalmist sagt. Der Tod ist das einzig absolut Unvermeidliche, doch der moderne Mensch plant ihn nicht mit ein und lebt nicht so, als ob er eintreten würde. Aus Angst meiden wir Ärzte, leugnen die Sterblichkeit unseres Körpers und gehen davon aus, dass er einfach ewig weiterlebt. Angesichts des bevorstehenden Todes fordern wir dann unrealistische und extreme medizinische Maßnahmen.[8] Über den Tod zu reden empfinden wir mindestens als „geschmacklos". Der Anthropologe Geoffrey Gorer argumentiert in seinem Essay „The Pornography of Death" („Die Pornografie des Todes"), dass der Tod in der heutigen Kultur Sex als das neue Tabu abgelöst hat, über das man nicht spricht.[9]

Der Tod ist das einzig absolut Unvermeidliche.

Wenn schon die Menschen vor dreitausend Jahren ein Problem mit der Verdrängung des Todes hatten, wie wir in Psalm 90 sehen, dann ist unser Problem heute noch unendlich viel größer. Der medizinische Fortschritt fördert die Illusion, dass der Tod auf unbestimmte Zeit hinausgeschoben werden kann. Seltener denn je findet man Menschen, die sich mit ihrer eigenen Sterblichkeit versöhnt haben, so wie man es früher tat oder wenigstens anstrebte. Es gibt heute sogar Philosophen, die ernsthaft meinen, dass der Tod ein „Performanceproblem" sei, das technisch gelöst werden könne.[10] Viele im Silicon Valley sind davon besessen, die Sterblichkeit zu überwinden und ewig zu leben. Die Menschen gehen in der Moderne also unrealistischer und unvorbereiteter mit dem Tod um als alle anderen Menschen in der Geschichte.

## Diesseitiges Glück

Ein zweiter Grund, warum wir heute solche Probleme mit dem Tod haben, ist die Forderung des säkularen Zeitalters nach diesseitiger Bedeutung und Erfüllung. Der Anthropologe Richard Shweder untersucht, wie nichtwestliche und ältere Kulturen ihren Mitgliedern geholfen haben, dem Leiden zu begegnen.[11] Dies geschah immer in Verbindung damit, die Menschen über den Sinn des Lebens aufzuklären, also über das Wichtigste, wofür jeder Mensch leben sollte. Viele Gesellschaften glauben, dass man vor allem für sein Volk und seine Familie (Kinder und Enkel) leben sollte, für die man nach dem Tod weiterlebt. Der Buddhismus und viele andere alte östliche Kulturen lehren, dass der Sinn des Lebens darin besteht, die illusorische Natur dieser Welt zu erkennen und sie durch innere Ruhe und Loslösung der Seele hinter sich zu lassen. Andere Kulturen glauben an Reinkarnation, den Himmel oder das Nirwana nach dem Tod, sodass das höchste Ziel des Menschen darin besteht, so zu leben und zu glauben, dass seine Seele in den Himmel kommt.

Diese vielen verschiedenen Ansätze haben eines gemeinsam, so Shweder: Immer lag das Wichtigste, wofür es sich zu leben lohnte, außerhalb der materiellen Welt und des Lebens; ein Ziel, dem Leiden und Tod nichts anhaben konnten. Man kommt in den Himmel, wenn man stirbt, oder man entrinnt dem Kreislauf der Reinkarnation und geht in die ewige Glückseligkeit ein; man löst sich von der Illusion der Welt und kehrt zur Allseele des Universums zurück oder führt ein ehrenvolles Leben und wird nach dem Tod in die Gemeinschaft der Ahnen aufgenommen. In keinem Fall können Schicksalsschläge und Tod den Sinn des Lebens zerstören, sondern sie beschleunigen die Reise dorthin sogar noch, sei es durch spirituelles Wachstum, das Erlangen von Ehre und Tugend oder den Eingang in ewige Freuden.

Demgegenüber ist die moderne säkulare Kultur grundsätzlich diesseitig. Viele meinen heute, dass diese materielle Welt alles ist, was es gibt, weil es keinen Gott, keine Seele oder keinen Geist gibt, keine transzendente oder übernatürliche Dimension der Realität. Wenn das so ist, dann muss das, was Ihrem Leben Sinn und Bedeutung gibt, innerhalb dieser irdischen Grenzen zu finden sein. Sie müssen quasi Ihr Herz an etwas hängen, das im engen Rahmen von Zeit und Raum liegt. Was auch immer

Ihrem Leben einen Sinn geben soll, es muss eine Form diesseitigen Glücks, Trosts oder Erfolgs sein. Oder bestenfalls eine Liebesbeziehung.

Sinn muss in diesseitigem Glück, Trost oder Erfolg gefunden werden.

Der Tod durchkreuzt natürlich all diese Dinge. Während also andere Kulturen und Weltanschauungen Leiden und Tod als entscheidende (und nicht als letzte) Kapitel in einer kohärenten Lebensgeschichte betrachten, ist die säkulare Sicht völlig anders: Leiden ist eine Unterbrechung und der Tod das endgültige Ende. Shweder beschreibt die Rolle des Leides für den modernen Menschen so:

> *Leid ist […] losgelöst von der narrativen Struktur des menschlichen Lebens […] eine Art „Lärm", ein zufälliger Eingriff in das Lebensdrama des Leidenden […] Leid [hat] keine sinnvolle Beziehung zu irgendeiner Handlung, außer als chaotische Unterbrechung.*[12]

Von allen Kulturen in der Geschichte ist also unsere säkulare Moderne am wenigstens in der Lage, ihre Mitglieder auf das einzig Unvermeidliche vorzubereiten – den Tod. Dieser begrenzte Sinnhorizont führt, zusammen mit dem Fortschritt der Medizin, dazu, dass viele Menschen wie gelähmt vor Angst und Furcht sind, wenn sie mit einem Sterbenden konfrontiert werden.

Mark Ashton war Pastor von *St. Andrew the Great* in Cambridge. Ende 2008 wurde bei ihm im Alter von zweiundsechzig Jahren unheilbarer Gallenblasenkrebs diagnostiziert. Durch seinen frohen Glauben an Christus hatte er große Zuversicht im Angesicht des Sterbens und sogar ein Gefühl der Vorfreude, obwohl er die Traurigkeit seiner Familie sehr wohl wahrnahm. Während der nächsten fünfzehn Monate sprach er mit praktisch jedem, den er traf, mit einer entspannten, wortgewandten Gelassenheit über seinen bevorstehenden Tod. Doch damit ging er vielen Menschen auf die Nerven, die nicht nur seine Haltung, sondern seine bloße Anwesenheit schwer ertrugen.

Er schrieb: „Unser Zeitalter ist so hoffnungslos im Angesicht des Todes, dass man das Thema gar nicht mehr erwähnen darf." Er ging zu einem Friseur in Eastbourne, wo er sich wie üblich mit der Frau unterhielt, die ihm die Haare schnitt. Als sie „mich fragte, wie es mir ginge, und ich antwortete, man habe mir gesagt, dass ich nur noch ein paar Monate zu leben hätte", war es vorbei mit dem freundlichen Geplauder im Laden. Egal, wie sehr er versuchte, das Gespräch fortzusetzen, „ich konnte kein Wort mehr aus ihr herausbekommen".[13] Anstatt das Unvermeidliche zu akzeptieren und uns darauf vorzubereiten, vermeiden und verdrängen wir es.

## Das Gefühl der Bedeutungslosigkeit

Ein dritter Grund, warum die moderne säkulare Kultur so große Probleme mit dem Tod hat, ist das tiefe Gefühl der Bedeutungslosigkeit, das sie durch die Umdeutung des Todes als Nichtexistenz geschaffen hat. Ernest Becker argumentiert in seinem mit dem Pulitzer-Preis ausgezeichneten Buch *Dynamik des Todes – Die Überwindung der Todesfurcht*, dass Menschen nicht akzeptieren können, dass alles, was wir sind (unser Bewusstsein, unsere Liebe, unser tiefes Streben nach Schönheit, Güte und Wahrheit), einmal für immer aufhören soll zu existieren, buchstäblich in einem Augenblick. Wenn der Tod wirklich das Ende ist – wenn wir alle sterben und schließlich sogar die gesamte menschliche Zivilisation mit dem Tod der Sonne „stirbt" –, dann wird letztlich nichts, was wir tun, irgendeine bleibende Bedeutung haben. Wenn wir aus dem Nichts kommen und ins Nichts gehen, wie sollen wir dann hier und jetzt das Gefühl des Nichts vermeiden? So schreibt er:

Die Aussicht auf Auslöschung unserer Existenz muss irgendwie bewältigt werden.

> *Der Gedanke an den Tod, die Furcht vor ihm, verfolgt das Tier Mensch wie nichts sonst; er ist eine der Triebfedern menschlichen Handelns, eines Handelns, das hauptsächlich darauf ausgerichtet ist, dem Schicksal des Todes zu entgehen oder es zu besiegen, indem wir leugnen, daß es unser aller endgültiges Schicksal ist.*[14]

Diese Angst vor der Bedeutungslosigkeit angesichts der Auslöschung der Existenz muss auf irgendeine Weise bewältigt werden. Becker zitiert Anthropologen, die uns erzählen, dass die Menschen in der Antike viel weniger

Angst vor dem Tod hatten und der Tod von Freudenfesten begleitet war. Er fügt zu Recht hinzu, dass die Angst vor dem Tod zwar ein universelles menschliches Phänomen ist, dem die Menschen in der Antike aber durch den Glauben an ein Leben und einen Sinn nach dem Tod begegnen konnten. Sie glaubten an die Ewigkeit, sodass der Tod die „letzte Beförderung" war. Das Problem für uns heute ist jedoch: „Den meisten Menschen unserer abendländischen Zivilisation kommt dies ein wenig unglaubwürdig vor, und darum ist die Furcht vor dem Tode ein so bedeutsamer Aspekt unserer Psyche geworden."[15]

Beckers Buch liegt die These zugrunde, dass die moderne, säkulare Kultur ein Problem mit dem Tod hat wie keine andere Gesellschaft vor ihr. Er argumentiert, dass die übergroße Bedeutung, die so vielen Dingen in der modernen Kultur zukommt – Sex und Romantik, Geld und Karriere, Politik und soziale Belange –, veranschaulicht, wie die Menschen von heute versuchen, im Angesicht des Todes ein Gefühl von Bedeutung zu bekommen, ohne auf Gott und Religion zurückgreifen zu müssen.

Die säkularen Philosophen in der zweiten Hälfte des 20. Jahrhunderts waren sich wie Becker durchaus bewusst, dass der Tod ein Problem darstellt, wenn Religion und Glaube an Gott zurückgehen. Existenzialisten wie Albert Camus in *Der Mythos des Sisyphos* argumentierten, dass die Endgültigkeit des Todes das Leben absurd mache und es falsch sei, dies zu verdrängen, indem man sich in Vergnügen und Karriere verliere.[16] Ein Gedankenspiel mag hier zur Veranschaulichung helfen: Stellen Sie sich vor, jemand ist in Ihr Haus eingebrochen, hat Sie gefesselt und angekündigt, dass er Sie umbringen wird. Sie haben keinerlei Hoffnung auf Rettung. Er sagt nun: „Ich bin ja nicht herzlos – sag mir, was du gerne machst." Sie antworten, dass Sie gerne Schach spielen. „Okay, lass uns eine Partie Schach spielen, bevor ich dich töte. Wird das nicht deine letzten Momente versüßen?" Die einzig wahrheitsgemäße Antwort wäre, dass Ihr bevorstehender Tod dem Spiel die ganze Freude nehmen würde. Der Tod raubt den Dingen die Bedeutung und die Freude.

Becker geht weiter und sagt, dass diese Angst vor dem Tod nur uns Menschen zukommt:

> *Es ist ein schreckliches Dilemma, mit dem er leben und sich abfinden muß. Den niederen Tieren bleibt dieser schmerzliche Widerspruch erspart, denn ihnen fehlt die symbolische Identität und das dazu gehörige Bewußtsein […] Das Wissen um den Tod ist reflektiv und begrifflich: Den Tieren bleibt es erspart. Sie [er-] leben […] ein paar Minuten der Furcht, ein paar Sekunden der Todespein, und es ist vorüber. Aber ein ganzes Leben lang mit dem Schicksal des Todes zu existieren, das die Kreatur bis in ihre Träume hinein und selbst bis in die sonnigsten Tage hinein verfolgt, das ist etwas anderes.*[17]

Aktuellere säkulare Denker haben keine so düsteren Töne angeschlagen. In Anlehnung an die antiken Philosophen Epikur und Lukrez argumentieren heute viele, dass der Tod „nichts ist, wovor man sich fürchten muss", und es werden ständig Artikel mit dieser Botschaft veröffentlicht, wie z. B. Jessica Browns Essay in *The Guardian* „We Fear Death, but What If Dying Isn't as Bad as We Think" („Wir fürchten den Tod, aber was, wenn das Sterben gar nicht so schlimm ist, wie wir denken")[18]. Keine Schmerzen oder Ängste mehr – warum sollte man sich davor fürchten? Doch der Versuch, dem modernen Menschen zu erklären, dass der Tod nicht schlimm ist, hat bei den meisten nicht funktioniert. Der Philosoph Luc Ferry hält es für „brutal" und unehrlich, Menschen, die mit dem Tod und damit dem Verlust aller liebevollen Beziehungen konfrontiert sind, zu sagen, dass sie davor keine Angst haben sollen.[19] Viel eher finden wir uns bei Dylan Thomas wieder, wenn er sagt, wir sollen „gegen das Sterben des Lichtes aufbegehren" („Rage, rage against the dying of the light").[20]

Becker hat recht. Die Menschheit kann den Tod nur fürchten und hassen. Das ist ein einzigartiges und tiefgreifendes Problem. Religion hat den Menschen Werkzeuge an die Hand gegeben, um unserem größten Feind zu begegnen, und der moderne Säkularismus hat in seiner Diesseitigkeit nichts gefunden, um diesen Verlust zu kompensieren.

## Angst vor einem Gericht

Ein vierter Grund, warum wir heute mit dem Thema Tod so zu kämpfen haben, ist, dass wir in unserer modernen Kultur Kategorien wie Sünde, Schuld und Vergebung verloren haben. Friedrich Nietzsche hat argumentiert, dass der Gedanke und das Gefühl, in jemandes Schuld zu stehen, zusammen mit dem Glauben an einen transzendenten Gott oder transzendente Götter entstanden sind, denen wir Gehorsam leisten müssen. Nun aber, da die Bedeutung der Religion abnimmt und immer mehr Menschen nicht an einen richtenden Gott glauben, würde unser Schuldgefühl abnehmen. Atheismus könne sogar „eine zweite Unschuld“ bedeuten.[21]

Wilfred M. McClay erklärt, dass Nietzsches Vorhersage nicht eingetroffen ist, sondern Schuld von „seltsamer Dauerhaftigkeit“ sei.[22] Freud sei ein besserer Prophet gewesen, als er Schuld als ein unersetzliches Merkmal jeder Zivilisation bezeichnete. Sie sei der Preis, den wir zahlen müssen, wenn wir die Art von egoistischem Verhalten eindämmen wollen, die Gesellschaften untergräbt. Auch wenn wir versuchen, unser Gefühl der Sündhaftigkeit und der Schuld zu unterbinden, wird es also weiterbestehen und andere Formen annehmen. McClay schreibt: „Schuld ist schlau, ein Betrüger und ein Chamäleon, das in der Lage ist, sich zu tarnen, sich zu verstecken, seine Größe und sein Aussehen zu verändern [...] und dabei immer weiter zu bestehen und sich zu vertiefen.“[23] Freud nannte es *Unbehagen*, ein starkes Unwohlsein an sich selbst und am Leben, das zu einem Trommelfeuer von Fragen führt: „Warum ist das Leben nicht besser? Warum passe ich nicht dazu? Warum habe ich das Gefühl, dass ich so hart arbeiten muss, um mich zu beweisen? Wird mich wirklich jemand lieben?“

Unsere säkulare Kultur glaubt in diesem Punkt eher Nietzsche als Freud und hat alles getan, damit der Einzelne sich in völliger Freiheit selbst ausdrücken kann. Das heißt, die Worte „Sünde“ und „Schuld“ wurden aus dem öffentlichen Diskurs entfernt, damit jeder die Freiheit hat, sich selbst zu erfinden und auszuleben, wie er es will. Aber das hat uns in eine seltsame Lage gebracht: Wie ein Wissenschaftler sagte, sehen wir Sünde und Böses um uns herum, „wofür unsere Kultur uns nicht mehr das Vokabular liefert, um sie zu benennen“, und so „hat sich in unserer Kultur eine Kluft aufgetan zwischen der Sichtbarkeit des Bösen und den intellektuellen Ressourcen, die für seine Bewältigung zur Verfügung stehen“.[24]

Unserer Kultur fehlt das Vokabular, das Böse zu benennen.

Viele verweisen darauf, dass unsere Gesellschaft heute so moralistisch und verurteilend ist wie nie zuvor. Wir leben in einer „call-out-culture“, eine Kultur, in der Menschen reduktionistisch als gut oder böse eingestuft und dann öffentlich beschämt werden, bis sie ihren Arbeitsplatz und ihr Umfeld verlieren.[25] Menschen werden für etwas angeklagt, das früher als Sünde bezeichnet wurde, und sie werden auf eine Weise bestraft und verbannt, die beachtlich an religiöse zeremonielle Reinigungsriten erinnert.

Wie McClay betont, kann der Mensch seine moralischen Reflexe nicht aufgeben – den Glauben an moralische Absolutheit, Sünde und Gericht und die Auferlegung von Schuld und Scham. Doch heute haben wir die alten, zugrunde liegenden Überzeugungen von Gott, Himmel und Hölle aufgegeben und damit auch die alten Quellen für Reue, Gnade und Vergebung verloren.[26]

All dies löst beim modernen Menschen eine Krise angesichts des Todes aus. Als Seelsorger habe ich viele Stunden in der Gegenwart von Sterbenden verbracht. Wenn der Tod näher rückt, blicken die Menschen auf ihr Leben zurück und empfinden ungeheures Bedauern. Das *Unbehagen,* die tiefe Unzufriedenheit mit sich selbst, tritt in den Vordergrund. Man fühlt sich schuldig für Dinge, die man nicht gesagt oder getan hat, für nicht ausgesprochene oder angenommene Entschuldigungen, für verweigerte Freundlichkeit oder nun nicht mehr verzeihbare Unfreundlichkeit, für verpasste Chancen oder sogar ein vergeudetes Leben.

Doch neben dem Bedauern über die Vergangenheit gibt es auch die Angst vor der Zukunft. T. S. Eliot schreibt: „Nicht das, was wir Tod nennen, sondern was jenseits des Todes ist und nicht Tod ist, das fürchten wir."[27] Hinter all den anderen Gefühlen steht die Angst vor dem Gericht. In 1. Korinther 15, wo Paulus ausführlich über den Tod schreibt, bezeichnet er die Sünde als „Stachel des Todes" (Vers 56). Wie er in Römer 1,20-22 erklärt, wissen wir alle in unserem Herzen, wenn auch tief verborgen, dass Gott unser Schöpfer ist und unsere Anbetung und unseren Gehorsam verdient. Aber wir haben dieses Wissen „niedergehalten" (Vers 18), um souverän über unser Leben bestimmen zu können.

Der nahende Tod macht uns bewusst, wie unzufrieden wir mit uns selbst sind. Unser Gewissen lässt sich nicht mehr zum Schweigen bringen wie zuvor. Shakespeares Hamlet denkt an Selbstmord, entscheidet sich aber dagegen, weil er nach dem Tod „das unentdeckte Land, von des Bezirk kein Wanderer wiederkehrt" fürchtet, das uns Angst vor einem Gericht macht, sodass „wir die Übel, die wir haben, lieber ertragen als zu unbekannten fliehn". Denn „so macht Bewusstsein Feige aus uns allen".[28]

Trotz aller Mühen bleibt immer Schuld im Raum, ganz besonders im Angesicht des Todes. Die moderne Kultur gibt uns wenig, um damit umzugehen, doch der christliche Glaube hält einige erstaunliche Ressourcen für uns bereit.

## Unser Wegbereiter

Anstatt in Angst vor dem Tod zu leben, sollten wir ihn als geistliches Riechsalz betrachten, das uns aus unserem falschen Glauben aufweckt, dass unser Leben ewig so weitergehen würde. Wenn Sie auf einer Beerdigung sind, besonders wenn es um einen Freund oder einen geliebten Menschen geht, hören Sie auf Gott, der zu Ihnen spricht und Ihnen sagt, dass alles im Leben vergänglich ist, außer seiner Liebe. Das ist die Realität.

Alles in diesem Leben wird uns genommen, außer einem: Gottes Liebe, die mit uns in den Tod gehen kann, uns hindurchführt und in seine Arme schließt. Sie ist das Einzige, was wir nicht verlieren können. Ohne Gottes Liebe, die uns umarmt, werden wir uns immer zutiefst unsicher fühlen – und das sollten wir auch.

Einer meiner Theologielehrer erzählte uns von einem Vortrag auf einer Missionskonferenz. Als zwei junge

Frauen seine Predigt hörten, beschlossen sie, ihr Leben der Mission zu widmen. Beide Elternpaare waren äußerst verärgert über ihn, der ihre Kinder ihrer Meinung nach religiös fanatisiert hatte, und sagten ihm: „Sie wissen, dass es als Missionar keine Sicherheit gibt. Die Bezahlung ist niedrig und das Leben kann gefährlich sein. Wir haben versucht, mit unseren Töchtern zu reden. Sie brauchen einen Job und eine Karriere, vielleicht einen Master-Abschluss oder etwas Ähnliches, damit sie eine gewisse Sicherheit haben, bevor sie losziehen und dieses Missionarsding machen."

Seine Antwort lautete: „Sie wollen, dass sie eine gewisse Sicherheit haben? Wir befinden uns alle auf einer kleinen Kugel namens Erde und drehen uns mit Millionen von Meilen pro Stunde durchs All. Eines Tages wird sich unter jedem Einzelnen von uns eine Falltür öffnen. Und entweder wird Millionen und Abermillionen von Kilometern nichts sein – oder die ewigen Arme Gottes. Und Sie wollen, dass sie einen Master-Abschluss machen, um sich ein wenig Sicherheit zu verschaffen?"[29]

Im Tod sagt Gott: „Wenn ich nicht deine Sicherheit bin, dann hast du keine Sicherheit, denn ich bin das Einzige, das dir nicht genommen werden kann. Ich werde dich in meinen ewigen Armen halten. Alle anderen Arme werden dich im Stich lassen, aber ich werde dich nie im Stich lassen."

„Wenn ich nicht deine Sicherheit bin, dann hast du keine Sicherheit ..."

Riechsalz ist sehr unangenehm, aber auch hoch wirksam. Wenn Sie aus Ihren Illusionen erwachen, seien Sie unverzagt, denn Jesus Christus bietet uns, wenn wir ihn im Glauben als Erlöser haben, dieses an:

> *Er will viele als seine Söhne und Töchter an seiner Herrlichkeit teilhaben lassen. Aber um diesen Plan zu verwirklichen, war es notwendig, den Wegbereiter ihrer Rettung durch Leiden und Sterben vollkommen zu machen […] Weil nun aber alle diese Kinder Geschöpfe aus Fleisch und Blut sind, ist auch er ein Mensch von Fleisch und Blut geworden. So konnte er durch den Tod den entmachten, der mit Hilfe des Todes seine Macht ausübt, nämlich den Teufel, und konnte die, deren ganzes Leben von der Angst vor dem Tod beherrscht war, aus ihrer Sklaverei befreien. (Hebräer 2,10.14-15)*

Um uns zu erlösen, wurde Jesus durch Leiden und Tod zum „Wegbereiter". Das griechische Wort hier ist *archēgos*. Der Bibelwissenschaftler William Lane sagt, dass es eigentlich mit „unser Vorkämpfer" übersetzt werden müsste.[30]

Ein Vorkämpfer war jemand, der einen repräsentativen Kampf bestritt. Als David gegen Goliath antrat, kämpften sie beide als Stellvertreter für ihre Armee. Wenn der Vorkämpfer gewonnen hat, dann hat die ganze Armee die Schlacht gewonnen, auch wenn keiner von ihnen einen Finger gerührt hat. Das ist es, was Jesus getan hat. Er hat es mit unseren größten Feinden aufgenommen – Sünde und Tod. Im Gegensatz zu David hat er sein Leben nicht nur riskiert, sondern es hingegeben, aber damit hat er sie besiegt. An unserer Stelle nahm er die Strafe auf sich, die wir für unsere Sünden verdienen: den Tod. Aber weil er selbst vollkommen und ohne Sünde in seiner Liebe zu Gott und dem Nächsten war, konnte der Tod ihn nicht festhalten (Apostelgeschichte 2,24). Er ist von den Toten auferstanden.

Deshalb sagt der Schreiber in Hebräer 2,14, dass er die Macht des Todes zerstört hat, weil er für uns gestorben ist, unsere Strafe weggenommen hat und die zukünftige Auferstehung aller garantiert, die sich im Glauben mit ihm verbinden. Jesus Christus, unser großer Vorkämpfer, hat den Tod getötet.

Alle Religionen sprechen über den Tod und das Leben nach dem Tod, aber normalerweise verkünden sie, dass man ein gutes Leben führen muss, um für die Ewigkeit bereit zu sein. Doch wenn der Tod naht, wissen wir alle, dass wir nicht annähernd unser Bestes gegeben haben und nicht so gelebt haben, wie wir sollten. Also bleiben wir zu Recht bis zum Ende in der Angst vor dem Tod gefangen.

Das Christentum ist anders. Es lässt uns nicht allein dem Tod entgegengehen, indem wir unsere Lebensbilanz hochhalten müssten und hoffen, dass es reicht. Es präsentiert uns einen Vorkämpfer, der den Tod besiegt hat, der uns vergibt und uns mit seiner Liebe bedeckt. Wir begegnen dem Tod „in ihm“ und mit seiner perfekten Bilanz (Philipper 3,9). Je mehr wir dies glauben, wissen und annehmen, desto tiefer sind wir von der Macht des Todes befreit.

Als Hamlet vom „unentdeckten Land, von des Bezirk kein Wanderer wiederkehrt“ sprach, lag er also falsch. Jemand ist aus dem Tod zurückgekehrt: Jesus Christus hat die Macht des Todes zerstört und für uns hat sich „in den unbarmherzigen Mauern der Welt [...] ein Spalt aufgetan“[31]. Wenn wir das im Glauben ergreifen, brauchen wir die Finsternis nicht mehr zu fürchten.

Paulus hat die ergreifenden Zeilen geschrieben:

*Tod, wo ist dein Sieg?*
*Tod, wo ist dein tödlicher Stachel?*
*(1. Korinther 15,55)*

Paulus sieht dem Tod nicht stoisch entgegen. Er verhöhnt ihn. Wie kann jemand, der bei klarem Verstand ist, auf den mächtigsten Feind der Menschheit sehen und ihn verhöhnen? Paulus gibt sofort die Antwort: „Der Stachel, der uns den Tod bringt, ist die Sünde, und dass die Sünde solche Macht hat, liegt am Gesetz. Gott aber sei Dank! Durch Jesus Christus, unseren Herrn, schenkt er uns den Sieg!“ (1. Korinther 15,56-57). Paulus sagt, dass der „Stachel des Todes“ unser Bewusstsein ist (wie Hamlet sagt), unser Empfinden für Sünde und für das Urteil vor dem moralischen Gesetz. Aber Christus hat diesen Stachel weggenommen – oder besser gesagt: für alle, die glauben, auf sich genommen.

Donald Grey Barnhouse war Pfarrer der *Tenth Presbyterian Church* in Philadelphia, als seine Frau erst Ende dreißig an Krebs starb und ihn mit vier Kindern unter zwölf Jahren zurückließ. Als er mit seinen Kindern zur Beerdigung fuhr, zog ein großer Lastwagen auf der linken Spur an ihnen vorbei und warf seinen Schatten auf sie. Barnhouse fragte alle im Auto: „Würdet ihr lieber von dem Lastwagen überfahren werden oder von seinem Schatten?“ Der Elfjährige antwortete: „natürlich vom Schatten!“ Der Vater folgerte: „Das ist eurer Mutter passiert […] Nur der Schatten des Todes ist über sie gekommen, denn der Tod selbst hat Jesus überfahren.“[32]

Der Stachel des Todes ist die Sünde und das Gift ist in Jesus gefahren.

Christen haben also die Kraft, den Tod auf diese Weise zu besiegen. Einmal sprach ich mit einem Freund über seine chronisch kranke Frau, die sich immer wieder den medizinischen Prognosen widersetzt und gegen den Tod „gewonnen“ hatte. Jetzt war sie wieder sehr krank und es bestand die reale Möglichkeit, dass sie dieses Mal nicht durchkommen würde. Im Gespräch mit ihrem Mann waren wir uns einig, dass ein glaubender Mensch immer gegen den Tod gewinnt, ob er nun stirbt oder nicht. Jesus Christus hat den Tod besiegt; jetzt kann er uns nur noch froher und geliebter machen, als wir es je waren.

Wenn Jesus für Sie gestorben und auferstanden ist, um Ihr lebendiger Erlöser zu sein, was kann der Tod Ihnen dann noch antun?

# 2. Die Zäsur des Todes

## Trauert nicht wie Menschen, die keine Hoffnung haben

*[…] damit ihr nicht um sie trauert wie die Menschen, die keine Hoffnung haben. Nun, wir glauben doch, dass Jesus für uns gestorben und dass er auferstanden ist. Dann wird Gott aber auch dafür sorgen, dass die, die im Vertrauen auf Jesus gestorben sind, mit dabei sein werden, wenn Jesus in seiner Herrlichkeit kommt.*
*(1. Thessalonicher 4,13)*

In unserem ersten Kapitel haben wir darüber gesprochen, wie man seinem eigenen Tod ohne Angst begegnen kann. Aber wie geht man mit dem Tod von geliebten Menschen um? Sie werden mir nicht widersprechen, wenn ich Ihnen sage, dass es in Ihrer Zukunft viel Tod geben wird. Wenn Sie das Glück haben, ein langes Leben zu haben, werden Sie im Laufe Ihres Lebens mehr und mehr mit Todesfällen konfrontiert werden – nicht nur von Kollegen und Weggefährten, sondern auch von guten Freunden und geliebten Angehörigen. In 1. Thessalonicher 4 wird uns gesagt, dass der christliche Glaube uns bemerkenswerte Ressourcen an die Hand gibt – nicht nur für unseren eigenen Tod, sondern auch für den Verlust von Menschen, die wir lieben.

Im obigen Text sagt Paulus seinen Freunden: „Ich will nicht, dass ihr trauert wie der Rest der Menschheit, der keine Hoffnung hat." Das ist eine doppelte Verneinung; eigentlich sagt er: „Ich möchte, dass ihr *hoffnungsvoll trauert.*" Paulus ruft zu einer extremen Balance gegenüber unserem großen Feind auf. Wenn wir an jemanden denken, der ausgeglichen ist, also seine „Balance" gefunden hat, kommt uns normalerweise eine Person in den Sinn, die Extreme vermeidet. Aber Paulus ruft uns zu einer ausgewogenen *Kombination* von zwei Extremen auf. Er sagt nicht: „Trauert nicht!" Er möchte, dass Christen trauern, wenn geliebte Menschen sterben, aber auf eine bestimmte Art und Weise. Er sagt weder: „Habt Hoffnung, anstatt zu trauern!", noch: „Es gibt wirklich keine Hoffnung, also weint und trauert einfach." Stattdessen sagt er, dass Christen einerseits intensiv trauern können und müssen, andererseits aber auch Hoffnung haben. Wie kann das gehen?

## Die exakte Balance

### Trauern

Einerseits sollen wir trauern, anstatt in stoischer Ruhe unbewegt zu bleiben. Aber auch wenn es richtig ist zu trauern, kann Trauer uns verbittern, unser Leben eintrüben und die Freude ersticken, wenn wir sie nicht mit Hoffnung würzen. Das bemerkenswerteste Beispiel dafür ist Jesus am Grab von Lazarus, seinem Freund, in Johannes 11. Jesus kommt nicht zu Maria und Martha, den trauernden Schwestern, und sagt: „Kopf hoch! Haltet die Ohren steif! Seid stark!" Nichts dergleichen. Als Maria zu ihm spricht, heißt es im kürzesten Vers der Bibel: „Jesus weinte“ (Johannes 11,35). Er redet nicht – er weint nur. Und dann, als er zum Grab von Lazarus geht, heißt es wörtlich, „ergrimmte er von Neuem in sich selbst“ – er schnaubte also vor Wut (Johannes 11,38).[33]

Da ist also Jesus, der Sohn Gottes, der ganz genau wusste, dass er ein großes Wunder tun und seinen Freund von den Toten auferwecken würde. Man könnte meinen, dass er auf dem Weg zum Grab in sich hineinlächelt und denkt: „Wartet, bis ihr seht, was ich tun werde! Alles wird gut!“ Stattdessen weint er, trauert, ist wütend.

Wie kann der Schöpfer der Welt über etwas in seiner Welt zornig sein? Es geht nur, wenn der Tod ein Eindringling ist, der nicht Teil von Gottes ursprünglichem Plan für die Welt und das Leben der Menschen war. Schauen Sie in 1. Mose 1–3: Wir sind nicht zum Sterben bestimmt, sondern zum Leben. Wir sollten im Laufe der Zeit immer schöner werden, nicht immer schwächer. Wir sollten stärker werden, nicht abbauen und sterben. An anderer Stelle erklärt Paulus (in Römer 8,18-23), dass alles kaputtgegangen ist, als wir uns von Gott abwandten, um unser eigener Herr und Heiland zu sein. Unser Körper, die natürliche Ordnung, unser Herz, unsere Beziehungen – nichts funktioniert mehr so, wie es ursprünglich gedacht war. Alles ist verdorben, verzerrt, gebrochen, und der Tod ist ein Teil davon (1. Mose 3,7-19). Deshalb weint Jesus und ist zornig über die Ungeheuerlichkeit des Todes. Er ist eine tiefe Verzerrung der Schöpfung, die er liebt.

Deshalb ist es falsch, auf Tod und Trauer mit stoischer Gelassenheit zu reagieren und einfach die Ohren steif zu halten. Davon gibt es übrigens viele Versionen. Eine sieht so aus: „Ganz ruhig, er ist jetzt beim Herrn. Der Herr wirkt alles zum Guten. Es gibt keinen Grund, zu sehr zu weinen. Natürlich werdet ihr ihn vermissen, aber er ist jetzt im Himmel. Alles, was geschieht, hat seinen Grund." Das mag alles so stimmen. Jesus wusste das auch alles. Er wusste sogar, dass Lazarus auferweckt werden würde und dass dies Teil des Plans des Vaters für sein Wirken war. Und dennoch trauerte er mit Kummer und Zorn, weil das die angemessene Reaktion auf das Böse und die Unnatürlichkeit des Todes ist.

Die meisten weltlichen Ratschläge für die Hinterbliebenen fordern in irgendeiner Weise zu stoischer Gelassenheit auf. Ein Beispiel aus der Antike findet sich in der *Ilias*, wo Achilles dem Vater des gefallenen Hektor sagt: „Duld es und jammere nicht so unablässig im Herzen, doch nichts gewinnst du, um deinen Sohn dich betrübend. Noch erwecktest du ihn; eh' schafftest du dir anderen Kummer" – Es bringt nichts, um seinen Sohn zu trauern.[34] Moderne Skeptiker werden sagen: „Der Tod ist nun mal das Ende. Darüber traurig zu sein hilft überhaupt nichts. Es ist, wie es ist."

Eine etwas differenziertere moderne Version dieser säkularen Sichtweise sagt uns, dass wir den Tod als einen völlig natürlichen Teil des Lebenszyklus betrachten sollen: „Der Tod ist natürlich. Er ist einfach ein Teil des Lebens; nichts, wovor man sich fürchten muss. Wenn wir sterben, wird unser Körper wieder zu fruchtbarem Humus, so wie das Gras, die Bäume und andere Tiere auch. Wir werden zu Sternenstaub. Wir sind immer noch ein Teil des Universums. Das ist in Ordnung." Aber passt eine solche Sicht des Todes zu unseren tiefsten Empfindungen?

Peter Kreeft ist ein christlicher Philosoph, der eine Geschichte von einem befreundeten Ehepaar erzählt, das nicht religiös war. Sie hatten einen siebenjährigen Sohn, dessen dreijähriger Cousin gestorben war. Also redeten sie mit ihm und versuchten, ihn zu trösten: „Du merkst, dass der Tod ganz natürlich ist." Sie wollten ihm helfen und erklärten: „Der Tod ist in Ordnung, er ist ganz natürlich. Wenn du stirbst, wandert dein Körper in die Erde und bereichert sie, sodass anderes wachsen kann. Erinnere dich, du hast den *König der Löwen* gesehen."

Doch anstatt getröstet zu sein, rannte der kleine Junge aus dem Zimmer und schrie: „Ich will nicht, dass er Dünger ist!"[35]

Der kleine Junge kam der Sicht Jesu näher als seine Eltern. Er war traurig. Der Tod ist nicht richtig. Die Dinge sind nicht so, wie sie sein sollten. Gott hat die Welt anders gemacht.

Wer sagt: „Der Tod ist nur natürlich", dämpft und erstickt womöglich einen Teil der Hoffnung in unserem Herzen, die uns Menschen ausmacht. Tief im Inneren wissen wir, dass wir nicht wie Bäume oder Gras sind. Wir wurden geschaffen, um zu *bleiben*. Wir wollen nicht vergänglich und bedeutungslos sein, nicht nur eine Spur im Sand. Unser Herz sehnt sich zutiefst nach Liebe, die bleibt.

Der Tod war so nicht gedacht. Er ist unnormal. Er ist kein Freund, er ist nicht richtig. Er gehört nicht wirklich zum Kreislauf des Lebens; er ist das Ende des Lebens. Also trauern Sie. Weinen Sie. Die Bibel sagt uns nicht nur, dass wir weinen sollen, sondern dass wir mit den Weinenden weinen sollen (Römer 12,15). Es gibt eine Menge zu weinen.

## Mit Hoffnung trauern

Es ist definitiv richtig zu trauern, aber – so Paulus – mit Hoffnung. Wie wir gesehen haben, ist das Verdrängen von Trauer und Empörung über den Tod nicht nur schlecht für unsere Psyche, sondern auch für unsere Menschlichkeit. Aber die Wut kann uns auch entmenschlichen und bitter und hart machen. Das bedeutet, dass wir nicht *nur* „gegen das Sterben des Lichtes aufbegehren" können (s. o., S. 22, „Rage, rage against the dying light"). Wir brauchen auch eine Hoffnung, die auf unsere Trauer einwirkt.

Aber was gibt es zu hoffen? Sehen Sie sich Jesus Christus am Grab seines Freundes Lazarus an. Er trauert, weint und ist wütend, obwohl er weiß, dass er seinen Freund in wenigen Minuten von den Toten auferwecken wird.

Aber er weiß etwas, das sich kein anderer auch nur vorstellen kann. Am Ende von Kapitel 11 des Johannesevangeliums, nachdem er seinen Freund Lazarus von den

Toten auferweckt hatte, sagten alle seine Gegner: „Das bringt das Fass zum Überlaufen. Wir müssen ihn jetzt töten. Wir müssen Jesus töten."

Jesus wusste, dass die Auferweckung von Lazarus seine Feinde zu extremen Maßnahmen veranlassen würde. Er wusste also, dass er Lazarus nur dann aus dem Grab holen konnte, wenn er sich sozusagen selbst hineinlegen würde. Um allen, die an ihn glauben, die Auferstehung zu garantieren, musste er selbst ins Grab gehen. Am Kreuz hat er genau das getan.

Durch den Tod Jesu sind wir von Sünde und Tod befreit und haben Anteil an seiner Auferstehung, wie es in Römer 6,5-9 heißt:

> *Denn wenn sein Tod gewissermaßen unser Tod geworden ist und wir auf diese Weise mit ihm eins geworden sind, dann werden wir auch im Hinblick auf seine Auferstehung mit ihm eins sein [...] Der Mensch, der wir waren, als wir noch ohne Christus lebten, ist mit ihm gekreuzigt worden, damit unser sündiges Wesen unwirksam gemacht wird und wir nicht länger der Sünde dienen. Denn wer gestorben ist, ist vom Herrschaftsanspruch der Sünde befreit. Und da wir mit Christus gestorben sind, vertrauen wir darauf, dass wir auch mit ihm leben werden. Wir wissen ja, dass Christus, nachdem er von den Toten auferstanden ist, nicht mehr sterben wird; der Tod hat keine Macht mehr über ihn.*

Jesus hat den Tod besiegt, und wir werden an seiner Auferstehung teilhaben. Das ist unsere Hoffnung.

Wenn Sie diese Hoffnung nicht haben, weiß ich nicht, wie wir dem Tod gegenübertreten können. Wir können Bitterkeit und Wut gären lassen und verzweifeln. Oder wir können unserer Trauer Hoffnung hinzufügen.

Wir neigen dazu, Trauer und Hoffnung als einander ausschließend zu betrachten, aber Paulus macht das nicht. Eine Illustration soll erklären, wie beides zusammenpassen kann: Viele Jahre lang haben die Menschen Fleisch konserviert, indem sie es gesalzen haben. (Bei Schinken ist dies immer noch eine gängige Methode der Konservierung.)

So ähnlich ist es mit der Trauer: Wenn Sie sie nicht mit Hoffnung salzen, wird sie schlecht werden. Wenn wir angesichts des Todes trauern und wütend sind, reagieren wir angemessen auf ein großes Übel. Aber Christen haben eine Hoffnung, mit der sie Trauer und Wut „einreiben" können, so wie man Salz ins Fleisch reibt. Es ist weder angebracht, die Trauer zu verdrängen noch der Verzweiflung nachzugeben. Weder unterdrückter Ärger noch unkontrollierte Wut sind gut für die Seele. Streuen wir Hoffnung in den Schmerz; das macht uns weise, mitfühlend, demütig und das Herz weich.

Trauern Sie von ganzem Herzen, aber mit tiefer Hoffnung! Verstehen Sie nun, warum ich gesagt habe, dass es nicht um einen Mittelweg geht, sondern um eine Verbindung von Extremen? Das gibt Ih-

Von ganzem Herzen trauern, aber mit tiefer Hoffnung!

nen mehr Kraft als stoisch Unberührtheit und mehr Freiheit zu klagen als Hoffnungslosigkeit.

Meine erste persönliche Erfahrung damit hatte ich vor vielen Jahren. Auf meiner Schilddrüse befand sich ein Knoten, von dem eine Biopsie gemacht wurde. In der Klinik sagte die Pathologin zu mir: „Sie haben ein Karzinom." Mein schockierter Gesichtsausdruck veranlasste sie zur Ergänzung: „Ich bin sicher, dass es behandelbar ist!" Wie sich herausstellte, war mein Schilddrüsenkrebs tatsächlich heilbar. Dennoch merkte ich in den nächsten Monaten, dass es *eine* Sache ist, den Menschen von christlicher Hoffnung angesichts des Todes zu erzählen, aber eine andere, diese Hoffnung persönlich und praktisch zu ergreifen, wenn man weiß, dass man einen Krebs hat, der einen töten kann.

Für mich wurde es zu einem Schlüssel, um Zugang zu dieser christlichen Hoffnung zu finden, dass Paulus schreibt, dass er nicht will, dass seine Freunde trauern „wie die Menschen, die keine Hoffnung haben". In einigen Bibelkommentaren findet sich der Hinweis, dass es viele Religionen gibt und fast alle an ein Leben nach dem Tod glauben – wie kann Paulus also sagen, dass der Rest der Menschheit angesichts des Todes keine Hoffnung hat?

Andere haben dem entgegnet, dass Paulus hier relativ spricht. Wenn Jesus in Lukas 14,26 sagt, dass seine Jünger „Vater und Mutter hassen" sollen, dann meint er damit, dass ihre Hingabe an ihn so groß sein soll, dass alle anderen Loyalitäten verblassen und im Vergleich dazu wie Hass aussehen. Ebenso sagt Paulus hier nicht, dass niemand eine Erwartung auf ein Leben nach dem Tod hat, sondern dass die christliche Zukunftshoffnung einzigartig stark ist. Er ruft uns auf, uns an der Größe unserer Hoffnung zu erfreuen, um uns auf den Tod vorzubereiten.

## Die Kraft der christlichen Hoffnung

Wie sieht nun diese einzigartige Hoffnung aus, die wir angesichts des Todes haben können?

**1. Persönliche Hoffnung auf Beziehungen voller Liebe**

Unsere Hoffnung ist persönlich. Die Zukunft derer, die in Christus sterben, ist eine Welt von unendlicher Liebe. Manche Religionen sagen: „Ja, es gibt Leben nach dem Tod, aber man verliert sein persönliches Bewusstsein. Du verlierst dein Gefühl der Individualität, das ohnehin eine Illusion war. Du bist wie ein Tropfen, der in den Ozean zurückkehrt: Du bleibst kein Tropfen, sondern wirst einfach ein Teil der Allseele. Nach dem Tod gibt es kein Du und kein Ich mehr, sondern du lebst als Teil des Universums weiter."

Kein Tropfen, der in den Ozean der Allseele zurückfällt

Paulus hingegen fährt fort:

*Der Herr selbst wird vom Himmel herabkommen, ein lauter Befehl wird ertönen, und auch die Stimme eines Engelfürsten und der Schall der Posaune Gottes werden zu hören sein. Daraufhin werden zu-*

*erst die Menschen auferstehen, die im Glauben an Christus gestorben sind. Danach werden wir – die Gläubigen, die zu diesem Zeitpunkt noch am Leben sind – mit ihnen zusammen in den Wolken emporgehoben, dem Herrn entgegen, und dann werden wir alle für immer bei ihm sein. Tröstet euch gegenseitig mit dieser Gewissheit!*
*(1. Thessalonicher 4,16-18)*

Beachten Sie das „mit ihnen zusammen". Sie werden mit den Menschen zusammen sein, die Sie verloren haben. Und wir werden für immer „bei ihm sein", mit Gott zusammen sein. Das sind Worte, die von persönlichen Beziehungen sprechen – vollkommene Beziehungen der Liebe, die ewig bestehen.

Jonathan Edwards berühmte Predigt „Heaven is a World of Love" („Der Himmel ist eine Welt der Liebe") beginnt damit, dass das größte Glück, das wir kennen können, darin besteht, von einem anderen Menschen geliebt zu werden, während doch auf der Erde selbst die größten Liebesbeziehungen wie ein Rohr sind, das so verstopft ist, dass nur wenig Wasser (Liebe) hindurchkommt. Im Himmel werden alle diese „Verstopfungen" beseitigt sein und die Liebe, die wir erfahren werden, wird unendlich und unfassbar größer sein als alles, was wir hier kennen.[36] Auf der Erde verstecken wir uns hinter Fassaden, aus Angst, zurückgewiesen zu werden, aber das bedeutet, dass wir nie die verwandelnde Kraft erfahren, die darin besteht, vollständig erkannt und gleichzeitig wirklich geliebt zu werden. Außerdem ist unsere Liebe voller Egoismus und Neid, was Liebesbeziehungen stört, schwächt und sogar beenden kann. Schließlich werden unsere Liebesbeziehungen durch die Angst getrübt, den anderen zu verlieren, sodass wir andere manchmal so sehr kontrollieren, dass wir sie vertreiben, oder Angst davor haben, uns überhaupt auf jemanden einzulassen.

Am Ende erklärt Edwards, dass alles, was die Liebe in dieser Welt auf ein Rinnsal am Grund eines Flussbettes reduziert, im Himmel verschwunden sein wird, wo sie eine endlose Flut und Quelle von Freude und Glück sein wird, die in alle Ewigkeit grenzenlos in uns hinein- und wieder herausfließt.

Christliche Hoffnung richtet sich auf eine persönliche Zukunft mit Beziehungen voller Liebe.

### 2. Hoffnung auf einen vollkommenen physischen Leib

Unsere Hoffnung ist auch physisch. Paulus sagt nicht nur, dass wir in den Himmel kommen werden, sondern dass die Toten auferstehen werden. Ja, wir glauben, dass unsere Seele in den Himmel kommt, wenn wir sterben. Aber das ist nicht der Höhepunkt unserer Erlösung: Am Ende von allem werden wir einen neuen Leib bekommen. Wir werden auferweckt, wie Jesus auferweckt wurde. Erinnern wir uns, dass der Auferstandene, als er seinen Jüngern begegnet, sehr deutlich macht, dass er aus Fleisch und Blut ist und kein Geist. Zum Beweis isst er vor ihren Augen (Lukas 24,37-43). Er erklärt ihnen, dass der christliche Glaube im Gegensatz zu allen anderen großen Religionen keine rein geistige Zukunft verheißt, sondern einen erneuerten Himmel und eine erneuerte Erde, eine vollkommene physische Welt, in der alles Leid und alle Tränen, Krankheit, Böses, Ungerechtigkeit und Tod beseitigt sind.

Unsere Zukunft ist nicht rein geistig. Wir werden im Reich Gottes nicht wie Gespenster schweben. Wir werden gehen, essen, umarmen und umarmt werden. Wir werden lieben. Wir werden singen, denn wir werden Stimmbänder haben. Und wir werden all dies mit einem Ausmaß an Freude, Qualität, Zufriedenheit, Schönheit und Kraft tun, das wir uns heute noch gar nicht vorstellen können. Wir werden mit dem Menschensohn essen und trinken.

Wir werden nicht wie Gespenster schweben.

Das ist die endgültige Niederlage des Todes. Das ist nicht nur ein Trost im Himmel für das physische Leben, das wir verloren haben, sondern eine Wiederherstellung dieses Lebens. Wir bekommen die Liebe, den Körper, den Geist und das Wesen, nach denen wir uns immer gesehnt haben.

Es gibt ein echtes Ich, ein wahres Selbst in Ihnen, aber dann sind da auch die ganzen Fehler und Schwächen, die es begraben, verunstalten und verdecken. Christliche Hoffnung ist, dass die Liebe und Heiligkeit Gottes dies alles wegbrennen wird. An diesem Tag werden wir einander sehen und sagen: „Ich wusste immer, dass du so sein kannst. Manchmal habe ich einen flüchtigen Eindruck davon bekommen, hier und da ein kurzes Aufblitzen. Nun sieh dich an! Nicht zu fassen!“

Paulus kennt andere Kulturen und Religionen der Welt und sagt, dass unsere Zukunft nicht eine unpersönliche, immaterielle Welt abstrakter Spiritualität ist, sondern eine persönliche Zukunft mit Liebesbeziehungen und der Wiederherstellung aller Dinge.

Wenn das Wissen um diese Zukunft uns immer vor Augen stünde, wären wir dann so niedergeschlagen, wie wir es oft sind? Warum sollten wir je daran denken, uns an Menschen zu rächen, die uns Unrecht getan haben, wenn wir wissen, dass wir nicht nur alles bekommen werden, was wir uns je erträumt haben, sondern mehr, als wir zu bitten oder denken wagen? Warum sollte man andere beneiden? Diese Hoffnung wirkt verwandelnd.

### 3. Hoffnung auf die „selige Gottesschau"

Wir haben nicht nur eine persönliche Hoffnung und eine physische Hoffnung, sondern auch eine Hoffnung auf Seligkeit. Paulus sagt nicht, dass wir einfach mit anderen zusammen sein werden. Er spricht auch nicht so sehr davon, wie schön die Welt sein wird, wenn sie geheilt ist. Die stärkste Betonung liegt darauf, dass wir „für immer *bei ihm* [dem Herrn] sein" werden (1. Thessalonicher 4,17). Das heißt, wir werden in vollkommener Gemeinschaft mit Gott leben, wir werden den Herrn (V. 16) von Angesicht zu Angesicht sehen. Historisch wurde dies als „selige Gottesschau" *(visio beatifica)* bezeichnet.

Paulus spricht davon in 1. Korinther 13,12, wenn er sagt:

*Jetzt sehen wir alles nur wie in einem Spiegel und wie in rätselhaften Bildern; dann aber werden wir Gott von Angesicht zu Angesicht sehen. Wenn ich jetzt etwas erkenne, erkenne ich immer nur einen Teil des Ganzen; dann aber werde ich alles so kennen, wie Gott mich jetzt schon kennt.*

Johannes spricht davon in 1. Johannes 3,2, wenn er sagt:

*Wenn Jesus in seiner Herrlichkeit erscheint, werden wir ihm gleich sein; denn dann werden wir ihn so sehen, wie er wirklich ist.*

Wenn wir in das Gesicht Christi blicken, wird es uns völlig verwandeln, weil wir, wie Paulus sagt, endlich völlig erkannt und doch völlig geliebt sind.

Als Mose mit Furcht und Zittern darum bat, Gottes Herrlichkeit sehen zu dürfen (2. Mose 33,18), antwortete Gott, dass es für jeden Menschen tödlich wäre, die Herrlichkeit Gottes direkt zu sehen (V. 19-20). Ein sündiger Mensch kann nicht in die Gegenwart eines heiligen Gottes kommen und am Leben bleiben. Mose kannte die Gefahr. Warum suchte er trotzdem diesen direkten Blick auf Gottes Herrlichkeit? Weil er intuitiv wusste, dass wir ursprünglich geschaffen wurden, um Gott über alles zu kennen und zu lieben, seine Liebe zu teilen und seine Schönheit zu sehen. In gewissem Maße war Mose sich bewusst, dass unser menschliches ruheloses Suchen und Streben – nach Anerkennung, Komfort, ästhetischer

Erfahrung, Liebe, Macht, Leistung – nach dem sucht, was das Loch füllen kann, das nach Augustin in uns ist und das nur durch Gott gefüllt werden kann. In jedem Arm suchen wir Gottes Arme, in jedem liebenden Gesicht suchen wir Gottes Gesicht, in jeder Leistung suchen wir Gottes Anerkennung.

Mose war auf der Suche nach der seligen Schau, der direkten, persönlichen Beziehung zu Gott, für die wir geschaffen wurden. Die Antwort Gottes an Mose ist im Prinzip das Thema der ganzen restlichen Bibel, einschließlich des Evangeliums selbst: Gott sagte ihm, er müsse sich in einer Felsspalte verbergen oder verstecken, damit er ihn nur von hinten sehen könne (V. 19-23). Im Alten Testament sehen wir Gottes Herrlichkeit im Allerheiligsten der Stiftshütte. Gott ist unter seinem Volk gegenwärtig, aber seine Herrlichkeit ist unzugänglich.

Aber als Jesus kommt, verkündet Johannes, dass wir in Christus „seine Herrlichkeit gesehen" haben (Johannes 1,14), und Paulus ergänzt, dass die, die an ihn glauben, durch das Wirken und Sterben Jesu für uns einen Vorgeschmack auf diese künftige, verwandelnde Vision bekommen:

> *Denn derselbe Gott, der gesagt hat: „Aus der Finsternis soll Licht hervorstrahlen!", der hat es auch in unseren Herzen hell werden lassen, sodass wir in der Person von Jesus Christus den vollen Glanz von Gottes Herrlichkeit erkennen.*
> *(2. Korinther 4,6)*

Das ist nicht die direkte Begegnung von Angesicht zu Angesicht, um die Mose gebeten hat und die nach Paulus und Johannes noch in der Zukunft liegt, sondern eine „Glaubensschau“, die wir jetzt haben können. Wir können Gottes Herrlichkeit noch nicht mit unseren physischen Augen sehen, aber durch den Glauben können das Wort und der Geist uns ein starkes Gefühl für seine Gegenwart und Realität in unserem Leben und unserem Herzen geben. Manchmal lesen wir die Verheißungen und Wahrheiten der Heiligen Schrift und Jesus wird für uns überwältigend real und tröstlich. Paulus spricht davon so:

Mit unverhülltem Gesicht die Herrlichkeit des Herrn sehen

> *Wir alle sehen mit unverhülltem Gesicht die Herrlichkeit des Herrn. Wir sehen sie wie in einem Spiegel, und indem wir das Ebenbild des Herrn anschauen, wird unser ganzes Wesen so umgestaltet, dass wir ihm immer ähnlicher werden und immer mehr Anteil an seiner Herrlichkeit bekommen. Diese Umgestaltung ist das Werk des Herrn; sie ist das Werk seines Geistes. (2. Korinther 3,18)*

Wovon Paulus hier spricht, ist viel seltener, als es eigentlich sein müsste, aber diese Erfahrung ist nicht einigen wenigen Heiligen vorbehalten. Im Römerbrief schreibt er:

*Hoffnung aber lässt nicht zuschanden werden; denn die Liebe Gottes ist ausgegossen in unsre Herzen durch den Heiligen Geist, der uns gegeben ist. (Römer 5,5[37])*

Unsere Zukunftshoffnung, so argumentiert er, wird umso stärker, je mehr wir nicht nur intellektuell von der Liebe Gottes wissen, sondern sie durch den Heiligen Geist in unser Herz ausgegossen ist und wir sie erfahren haben. Viele haben gespürt, wovon Paulus spricht. Sie lesen vielleicht in der Bibel, beten oder singen Gottes Lob und bekommen ein Gefühl für seine Größe und Liebe. Diese Erfahrungen sind nur Stückwerk, nur im Glauben, aber sie trösten und verändern. Es ist das Licht seines Antlitzes, das in unsere Herzen scheint. William Cowper schrieb:

*Sometimes a light surprises*
*The Christian while he sings;*
*It is the Lord Who rises*
*With healing in His wings.*[38]

C. S. Lewis sagt: „Wie würde es sein, könnten wir am Urquell jenes Stromes kosten, dessen entfernteste Ausläufer bereits so berauschend sind? Genau das aber liegt vor uns."[39] Dafür sind wir geschaffen. Psalm 16 endet mit einem Satz, der wörtlich lautet: „Fülle von Freuden ist vor deinem Angesicht, Lieblichkeiten in deiner Rechten immerdar" (Psalm 16,11[40]). In Psalm 17,15 heißt es: „Ich aber, ich werde dein Angesicht schauen in Gerechtigkeit, werde gesättigt werden, wenn ich erwache, mit deinem Bild."[41]

John Flavel, ein britischer Pfarrer und Theologe aus dem 17. Jahrhundert, schrieb über Psalm 17,15 und den Blick auf Gott, der in unserer Zukunft liegt:

> *Dieser Anblick wird uns satt machen (Psalm 17,15) [...] Der Verstand kann nicht mehr wissen, der Wille nicht mehr wollen; die Gefühle von Freude, Wonne und Liebe kommen völlig zur Ruhe in ihrer eigentlichen Mitte [...] Was dich an irdischen Dingen erfreut, kann dich niemals ganz satt machen, denn alle deine Wünsche gelten Gott selbst [...] Die Annehmlichkeiten, die du hier hattest, sind nur Tropfen, die die Gelüste deiner Seele entfachen, aber nicht satt machen; doch das Lamm wird sie zu Quellen lebendigen Wassers führen (Offenbarung 7,17).*[42]

Kathy sagt manchmal zu mir: „Was an der kommenden Herrlichkeit wirklich klasse ist: Man muss keine Souvenirs mehr kaufen." Was sie damit meint: Man lebt nicht mehr mit dem Bedauern. Man bedauert nicht mehr, dass man auf einer Reise keine Fotos gemacht hat oder eine bestimmte Erfahrung nicht gemacht hat. Alles Wunderbare, Großartige in dieser Welt ist nur ein Echo oder Vorgeschmack auf das, was in der Schau auf Gott und im neuen Himmel und der neuen Erde, der Welt der Liebe, gegenwärtig ist. Wenn Sie endlich den Gott des Universums sehen, der Sie mit Liebe anschaut, werden alle

Potenziale Ihrer Seele freigesetzt und Sie werden die herrliche Freiheit der Kinder Gottes erleben.

**4. Eine sichere, gewisse Hoffnung**

Es gibt noch einen weiteren Aspekt der Hoffnung, der für Christen einzigartig ist. Andere Religionen glauben zwar auch an ein Leben nach dem Tod, aber es gibt keine Sicherheit, wer in den Genuss dessen kommen wird. Theokrit schrieb: „Hoffnungen sind für die Lebenden, die Toten sind ohne Hoffnung."[43] Andere Religionen können niemandem die Gewissheit geben, dass er tugendhaft genug ist, um im nächsten Leben eine gute Existenz zu verdienen.[44]

Doch Paulus schreibt:

> *Wir glauben doch, dass Jesus für uns gestorben und dass er auferstanden ist. Dann wird Gott aber auch dafür sorgen, dass die, die im Vertrauen auf Jesus gestorben sind, mit dabei sein werden, wenn Jesus in seiner Herrlichkeit kommt.*
> *(1. Thessalonicher 4,14)*

Was redet Paulus da? Der Lohn der Sünde ist der Tod (Römer 6,23) – das ist es, was wir verdient haben. Wenn ein Gefangener seine Schuld vollständig beglichen hat, wird er freigelassen; das Gesetz hat keinen Anspruch mehr auf ihn. Als Jesus die Schuld der Sünde mit seinem Tod vollständig beglichen hatte, wurde er auferweckt. Gesetz und Tod hatten keinen Anspruch mehr auf ihn.

Das gilt auch für uns, wenn wir an ihn glauben. „So gibt es nun keine Verdammnis für die, die in Christus Jesus sind“ (Römer 8,1, Luther). Wenn wir an ihn glauben, sind wir so frei von der Verurteilung, als ob wir die Strafe selbst bezahlt hätten – als ob wir gestorben wären. „Sind wir aber mit Christus gestorben, so glauben wir, dass wir auch mit ihm leben werden“ (Römer 6,8[45]). Das sagt Paulus auch hier in 1. Thessalonicher 4: Wir wissen nicht nur von der zukünftigen Welt der Liebe, der Schau Gottes und einem erneuerten Universum. Wir haben auch die Gewissheit, dass diese erstaunlichen Dinge auf uns warten. Wir fragen uns nicht ängstlich, ob wir gut genug gewesen sind, um bei Gott zu sein, wenn wir sterben. Wir leben in der tiefen Gewissheit all dieser Dinge. Auch das ist Teil unserer unvergleichlichen christlichen Hoffnung.

Was könnten wir uns mehr wünschen?

In Markus 5 wird Jesus in einen Raum mit einem kleinen toten Mädchen gebracht. Alle anderen weinen vor Kummer, aber er bleibt gelassen; er setzt sich hin und nimmt ihre Hand. Der Augenzeugenbericht hat die tatsächlichen aramäischen Worte bewahrt, die Jesus Christus zu ihr gesprochen hat: *Talitha koum*, was am besten übersetzt werden kann mit „Liebes, steh auf“. Und sie steht auf.

„Liebes, steh auf!“

Jesus setzt sich zu ihr, nimmt ihre Hand und redet mit ihr, wie jeder Vater oder jede Mutter an einem sonnigen Morgen zu einem Kind sagen würde: „Liebes, es ist Zeit, aufzustehen.“

Jesus Christus steht in diesem Moment der gewaltigsten, unerbittlichsten und erbarmungslosesten Kraft gegenüber, der sich die Menschheit stellen muss: dem Tod. Und mit einem kleinen Ruck an der Hand lässt er sich das Mädchen erheben! Das ist seine Art zu sagen: „Wenn ich deine Hand halte, wenn du mich durch den Glauben an die Gnade kennst, kann dir nichts etwas anhaben. Selbst der Tod wird, wenn er zu dir kommt, wie ein Aufwachen aus einem angenehmen Schlaf sein. Wenn ich deine Hand halte, wird auch der Tod, wenn er über dich kommt, dich nur noch größer machen. Nichts kann dich verletzen. Friede sei mit dir."

C. S. Lewis sagt: „Wenn wir uns ihm nicht widersetzen, wird er auch die Schwächsten und Scheußlichsten unter uns in einen Gott oder Göttin verwandeln; in ein blendendes, strahlendes, unsterbliches Geschöpf, in dessen Adern solche Kraft und Freude, Weisheit und Liebe pulsieren, wie wir es uns jetzt überhaupt nicht vorstellen können; Wie werden ein leuchtender, fleckenloser Spiegel sein, der Gottes unbegrenzte Macht, Freude und Güte vollkommen zurückwirft, wenn auch natürlich in kleinerem Umfang."[46]

## Lachen im Angesicht des Todes

In unserer Kultur ist eine Beerdigung einer der wenigen Orte, an denen es akzeptiert wird, wenn man über den Tod spricht. Menschen nehmen aus verschiedenen Gründen an Beerdigungen teil. Einer ist natürlich, die verstorbene Person zu würdigen und einem einzigartigen Leben die Ehre zu erweisen. Aber man ist auch gezwungen, sich mit den letzten Dingen zu befassen. Genauso wie man bei einer Hochzeit an die eigene Hochzeit denkt (in Erinnerung oder in Hoffnung), wird man bei einer Beerdigung mit der Tatsache konfrontiert, dass man eines Tages auf seiner eigenen Beerdigung sein wird. So stellt man sich Fragen nach der Realität Gottes und des Lebens nach dem Tod, die normalerweise nicht aufkommen. Aber nach der Beerdigung kehrt der Verstand zu seinem Standardmodus zurück, Gedanken über den Tod so weit wie möglich auszuklammern, es sei denn, der Verstorbene war ein enges Familienmitglied oder ein Freund.

Bei einer Beerdigung (im Gegensatz zu einer Trauerfeier) befinden wir uns buchstäblich in der Gegenwart des Todes. In dem Sarg liegt ein toter Körper. Die Menschen reagieren sehr unterschiedlich auf die Gegenwart des Todes, aber es gibt zwei entgegengesetzte Fehler, die wir machen können: entweder zu sehr zu verzweifeln oder die Sache abzutun und nichts daraus zu lernen.

Beides bringt uns nicht wirklich weiter, also machen wir, was die Bibel uns sagt: Trauern wir mit Hoffnung; erwachen wir aus unserer Verleugnung und entdecken wir eine Quelle des Friedens, die nicht versiegen wird! Und schließlich: Lachen und singen wir.

In der Bibel lesen wir, dass Berge und Wälder vor Freude singen werden, wenn der Sohn Gottes wiederkommt. Wenn der Sohn Gottes sich erhebt und unter seinen Flügeln Heilung bringt, wie William Cowper dichtete (s. o.) – wenn Jesus Christus zurückkehrt, dann werden

Berge und Bäume vor Freude singen, weil in seinen Händen endlich alles so wird, wie es gedacht war. Und wenn es stimmt, dass Berge und Bäume vor Freude singen werden, was werden wir dann erst tun können?

Ein großartiger Ausdruck dieser christlichen Hoffnung in der Literatur stammt von George Herbert, einem christlichen Dichter aus dem 17. Jahrhundert. Er schrieb ein Gedicht mit dem Titel „A Dialogue-Anthem", also „ein festlicher Gesang in Dialogform"[47]. Mit Eleganz und Kraft stellt er sich einen Dialog zwischen dem Tod und einem Christen vor, basierend auf 1. Korinther 15:

### DIALOGUE-ANTHEM
von George Herbert

| | |
|---|---|
| *CHRISTIAN: Alas, poor Death! Where is thy glory? Where is thy famous force, thy ancient sting?* | *CHRIST: Ach, du armer Tod! Wo ist deine Herrlichkeit? Wo ist deine berühmte Stärke, dein alter Stachel?* |
| *DEATH: Alas, poor mortal, void of story! Go spell and read how I have kill'd thy King.* | *TOD: Ach, du armer Sterblicher, deiner Geschichte beraubt! Buchstabiere und lies, wie ich deinen König getötet habe.* |

| | |
|---|---|
| *CHRISTIAN: Poor death!<br>And who was hurt thereby?<br>Thy curse being laid on<br>him makes thee accurst.* | *CHRIST: Armer Tod! Und<br>wer wurde dadurch ge-<br>troffen?<br>Dein Fluch, auf ihn gelegt,<br>macht dich verflucht.* |
| *DEATH: Let losers talk,<br>yet thou shalt die:<br>These arms shall crush<br>thee.* | *TOD: Rede nur, du<br>Verlierer, doch du musst<br>sterben:<br>Diese Arme sollen dich<br>zerschmettern.* |
| *CHRISTIAN: Spare not,<br>do thy worst. I shall be one<br>day better than before:<br>Thou so much worse, that<br>thou shalt be no more.* | *CHRIST: Halt dich nicht<br>zurück. Tu dein Ärgstes.<br>Mir wird es eines Tages<br>besser gehen als vorher:<br>Dir so viel schlechter, dass<br>du nicht mehr sein wirst.* |

Hier sieht der Christ den Tod an und sagt: „Komm schon, halte dich nicht zurück. Tu das Schlimmste, was du kannst. Je tiefer du mich erniedrigst, desto höher wirst du mich erheben. Je härter du mich schlägst, desto strahlender und herrlicher werde ich sein." An anderer Stelle sagt George Herbert: „Früher war der Tod ein Henker, aber das Evangelium macht ihn zu einem Gärtner." Früher konnte der Tod uns zerstören, aber jetzt kann er

Der Tod: Früher ein Henker, jetzt ein Gärtner

uns nur noch in Gottes Boden pflanzen, damit wir etwas Außergewöhnliches werden.

Als der berühmte Chicagoer Pfarrer Dwight Moody im Sterben lag, sagte er: „Bald werden Sie in den Zeitungen von Chicago lesen, dass Dwight Moody tot ist. Glauben Sie es nicht. Ich werde lebendiger sein als jetzt." Trauern Sie mit Hoffnung; wachen Sie auf und haben Sie Frieden; lachen Sie im Angesicht des Todes und singen Sie vor Freude über das, was kommen wird. Wenn Jesus Christus Ihre Hand hält, können Sie singen.

## Ein Gebet

*Unser Vater,*
*du bist die Kraft deines Volkes und wir bitten dich jetzt, dass du die gebrochenen Herzen unter uns heilst und ihre Wunden verbindest. Wir bitten dich, dass du ihnen und allen anderen die Schau auf jenes Leben schenkst, in dem alle Tränen abgewischt und alle Schatten verflogen sein werden.*

*Erhebe uns jetzt in der Kraft deines Geistes, um dir in Hoffnung und Vertrauen zu folgen, und gib uns deine liebende Kraft, um uns zu beschützen, deine weise Kraft, um uns zu nähren, deine Schönheit, um uns zu bezaubern, deinen Frieden, um uns zu erfüllen, und hebe unsere Herzen empor in das Licht und die Liebe deiner Gegenwart. Dies bitten wir dich im Namen dessen, der die Auferstehung und das Leben ist, Jesus Christus.*

*Amen.*

# 3. Was meinen Glauben stark macht im Angesicht des Todes

## *Vor meiner Diagnose habe ich ein Leben lang andere beraten. Werde ich in der Lage sein, meinen eigenen Rat anzunehmen?*

Ich habe einen Großteil meines Lebens damit verbracht, mit Menschen über die Rolle des Glaubens angesichts des bevorstehenden Todes zu sprechen. Seit ich 1975 zum Pastor in der presbyterianischen Kirche ordiniert wurde, habe ich an unzähligen Krankenbetten gesessen und gelegentlich sogar miterlebt, wie jemand seinen letzten Atemzug getan hat. Vor Kurzem habe ich ein kleines Buch mit dem Titel *On Death* geschrieben (die ersten beiden Kapitel dieses Buchs), in dem ich viel von dem erzähle, was ich Menschen in solchen Momenten sage. Als bei mir gut einen Monat nach der Veröffentlichung dieses Buchs Bauchspeicheldrüsenkrebs diagnostiziert wurde, traf mich das dennoch völlig unvorbereitet.

Auf dem Rückweg von einer Konferenz asiatischer Christen in Kuala Lumpur im Februar 2020 bekam ich eine Darminfektion. Ein Ultraschall im Krankenhaus zeigte etwas an, das wie vergrößerte Lymphknoten in meinem Unterleib aussah, und mir wurde gesagt: „Kein Grund zur Besorgnis, aber kommen Sie in drei Monaten noch mal zur Kontrolle." Mein Buch wurde veröffentlicht. Und dann, als wir alle in New York City versuchten, uns vor COVID-19 zu schützen, erfuhr ich, dass in mir bereits etwas Todbringendes wuchs.

Ein paar erschütternde Minuten verbrachte ich damit, mir im Internet die katastrophalen Überlebensstatistiken für Bauchspeicheldrüsenkrebs anzusehen. Mein Blick fiel auf mein Buch *On Death*, das nebenan auf einem Tisch lag. Ich wagte nicht, es aufzuschlagen und zu lesen, was ich geschrieben hatte.

Ich wagte nicht zu lesen, was ich geschrieben hatte.

Meine Frau Kathy und ich verbrachten viel Zeit mit Tränen und Unglauben. Wir wurden beide 70 Jahre alt, aber wir fühlten uns stark, frisch und klar im Denken und zu fast allem fähig, was wir in den letzten 50 Jahren getan hatten. „Ich dachte, wir würden uns viel älter fühlen, wenn wir in dieses Alter kommen", sagte Kathy. Wir hatten viele Pläne und viel Freude, vor allem durch unsere Kinder und Enkelkinder. Wir rechneten damit, dass uns eine Krankheit treffen würde, wenn wir uns wirklich alt fühlten. Aber nicht jetzt schon. Das konnte nicht sein; was machte Gott da mit uns? Die Bibel und insbesondere die Psalmen gaben unseren Gefühlen eine Stimme: „Warum, Herr, bist du so fern?" „Wach auf, o Herr! Warum schläfst du?" „Wie lange noch, Herr? Wirst du mich für immer vergessen?"

Viele Menschen, die an Gott glauben, werden in ihrem

Glauben erschüttert, wenn sie erfahren, dass sie zu einem Zeitpunkt und auf eine Weise sterben werden, die ihnen ungerecht erscheint. Vor meiner Diagnose hatte ich dies bei Menschen vieler Glaubensrichtungen erlebt. Eine krebskranke Frau sagte mir vor Jahren: „Ich bin nicht mehr gläubig – das funktioniert für mich nicht. Ich kann nicht an einen persönlichen Gott glauben, der mir so etwas antut." Der Krebs hatte ihren Gott getötet.

Was würde nun mit mir geschehen? Ich fühlte mich wie ein Chirurg, der plötzlich selbst auf dem Operationstisch lag. Würde ich in der Lage sein, auf meinen eigenen Rat zu hören?

Eine meiner ersten Lektionen war, dass religiöser Glaube nicht automatisch Trost in Krisenzeiten spendet. Glauben an Gott und ein Leben nach dem Tod wirken nicht umgehend als Trost und existenzielle Stärkung. Trotz meiner rationalen, bewussten Erkenntnis, dass ich eines Tages sterben würde, löste die erschütternde Realität einer tödlichen Diagnose eine bemerkenswert starke psychische Reaktion bei mir aus, meine Sterblichkeit zu leugnen. Anstatt dem Rat von Dylan Thomas zu folgen, „gegen das Sterben des Lichts aufzubegehren", ertappte ich mich dabei, wie ich dachte: „Was? Nein! Ich kann nicht sterben. Das passiert anderen, aber nicht mir." Als ich diese unerhörten Worte laut aussprach, wurde mir klar, dass diese Illusion das eigentliche Funktionsprinzip meines Herzens gewesen war.

Der Kulturanthropologe Ernest Becker hat die These vertreten, dass die Verdrängung des Todes unsere Kultur beherrscht. Auch wenn es stimmt, dass das moderne Leben diese Leugnung noch verstärkt hat, so hat sie uns doch immer begleitet. So schrieb der protestantische Theologe Johannes Calvin im 16. Jahrhundert:

> *[...] wir [tun] so, als wollten wir hier auf Erden unsterblich werden! Wenn ein Leichenzug uns begegnet oder wenn wir zwischen Gräbern umhergehen, so tritt uns da das Bild des Todes vor Augen, und angesichts dessen – das gebe ich zu – philosophieren wir wohl gewaltig über die Eitelkeit dieses Lebens! Indessen tun wir auch das nicht immer, und meistens macht alles das gar keinen Eindruck auf uns. [...] wir schlagen uns nicht nur den Tod aus dem Sinn, sondern auch die Sterblichkeit selber, als ob nie ein Gerücht davon zu uns gedrungen wäre.*[48]

Der Tod ist für uns eine Abstraktion, etwas theoretisch Wahres, das wir uns als persönliche Realität nicht vorstellen können.

Aus dem gleichen Grund bleiben auch unsere Überzeugungen (sofern wir welche haben) über Gott und ein Leben nach dem Tod oft abstrakt. Solange wir die Realität des Todes nicht akzeptieren, reicht es aus, wenn diese Überzeugungen eine rein gedankliche Zustimmung sind. Eine vorgespielte Schlacht in einem Theaterstück oder Film braucht nur Requisiten. Doch als der Tod, der letzte Feind, für mein Herz real wurde, wurde mir klar, dass meine Überzeugungen für mein Herz ebenso real werden mussten, sonst würde ich den Tag nicht überstehen. Theoretische Ideen über Gottes Liebe und die zukünftige Auferstehung mussten zu lebendigen Wahrheiten werden, sonst würden sie nichts bringen.

Ich habe beobachtet, dass viele Menschen diese Verdrängung des Todes teilen und zu kämpfen haben, wenn ihre bisherigen Sicherheiten und Überzeugungen wegbrechen, und das nicht nur bei religiösen Menschen. Als Seelsorger habe ich viel Zeit mit kranken und sterbenden Menschen verbracht, deren religiöser Glaube nur nominell oder gar nicht vorhanden war. Viele hatten eine ganze Reihe von (wenn auch oft unbewussten) Überzeugungen über das Universum: dass die materielle Welt aus sich selbst heraus entstanden ist und dass es keine übernatürliche Welt gibt, in die wir nach dem Tod eingehen. Nach dieser Sicht ist der Tod einfach nicht existent und daher, wie der Schriftsteller Julian Barnes argumentiert hat, nichts, wovor man sich fürchten müsste.[49] Diese Gedanken sind Glaubenssätze, die nicht bewiesen werden können, und die Menschen nutzen sie wie Barnes, um damit die Angst vor dem Tod zu vertreiben. Aber ich habe die Erfahrung gemacht, dass nichtreligiöse Menschen, die solche säkularen Überzeugungen für tröstlich halten, oft zusammenbrechen, wenn sie sich der Realität unweigerlich stellen müssen.

Wenn die Gewissheit der eigenen Sterblichkeit schließlich durchdringt, gibt es dann einen Weg, dem ohne lähmende Angst zu begegnen? Gibt es eine Möglichkeit, die uns verbleibende Zeit zu nutzen, um an Gnade, Liebe und Weisheit zu wachsen? Ich glaube, dass das möglich ist, aber es erfordert sowohl gedanklichen als auch emotionalen Einsatz: Kopfarbeit und Herzensarbeit.

Ich verwende die Begriffe „Kopf" und „Herz" im Sinne von Denken und Fühlen und passe mich damit der modernen Auffassung an, dass dies beides unabhängige Funktionen wären. In den hebräischen Schriften wird das Herz dagegen als Sitz des Verstandes, des Willens und der Gefühle betrachtet. In den Sprüchen heißt es: „Wie er in seinem Herzen denkt, so ist er." Mit anderen Worten: Rationale Überzeugung und Erfahrung können meine Meinung ändern, aber die Veränderung wäre nicht vollständig, wenn sie nicht in meinem Herzen Wurzeln schlagen würde. Und so machte ich mich daran, meine Überzeugungen zu überprüfen und meinen Glauben zu stärken, damit er dem Tod wirklich gewachsen sein würde.

Paul Brand ist ein Orthopäde, der den ersten Teil seiner medizinischen Laufbahn in Indien verbracht und dann in den USA gearbeitet hat. In seinen Memoiren schrieb er: „In den Vereinigten Staaten […] traf ich auf eine Gesellschaft, die Schmerz um jeden Preis vermeiden will. Patienten hatten es hier besser als überall sonst, wo ich bisher als Arzt gearbeitet hatte, aber sie schienen weit weniger fähig zu sein, mit Leid umzugehen, und waren viel stärker traumatisiert."[50]

Wie kommt es, dass Menschen in wohlhabenden, modernen Gesellschaften anscheinend so sehr mit der Existenz von Bösem, Leid und Tod zu kämpfen haben? In seinem

Kopfarbeit und Herzensarbeit

Buch *Ein säkulares Zeitalter* schreibt der Philosoph Charles Taylor, dass die Menschen zwar schon immer mit den Wegen und der Gerechtigkeit Gottes gerungen haben, aber bis vor Kurzem niemand daraus den Schluss gezogen hätte, dass Leid die Existenz Gottes unwahrscheinlich macht. Jahrtausendelang glaubten die Menschen fest an ihre eigene Unzulänglichkeit oder Sündhaftigkeit und gingen nicht von der modernen Annahme aus, dass wir alle ein angenehmes Leben verdient haben. Außerdem, so Taylor, sind wir inzwischen so überzeugt von der Kraft unserer Logik, dass es für uns keinen guten Grund für die Existenz von Leid geben kann, wenn uns selbst keiner einfällt.

Aber wenn es einen Gott gibt, der groß genug ist, um Ihren Zorn zu verdienen angesichts des Leides, das Sie mit ansehen oder selbst ertragen müssen, dann ist er auch groß genug, um Gründe dafür zu haben, es zuzulassen, auch wenn Sie diese nicht erkennen können. Es ist nicht logisch, an einen ewigen Gott zu glauben und trotzdem davon überzeugt zu sein, dass man Gut und Böse so gegeneinander abwägen könnte wie er, oder sich darüber zu ärgern, dass er die Dinge nicht immer so sieht, wie man es gerne hätte. Taylors Punkt ist: Menschen meinen, dass es ihr Leid sei, das ihnen den Glauben an Gott versperre, aber in Wahrheit ist es ihr übersteigertes Vertrauen auf sich selbst und ihre eigenen Fähigkeiten, das sie in Wut, Angst und Verwirrung stürzt.

Als ich meine Krebsdiagnose erhielt, musste ich nicht nur mein Glaubensbekenntnis überprüfen, das mit der historischen protestantischen Lehre konform geht, sondern auch mein tatsächliches Verständnis von Gott. War es von meiner Kultur geprägt worden? War ich unbewusst der Annahme verfallen, dass Gott für mich lebt und nicht ich für ihn, dass das Leben für mich gut laufen muss und dass ich besser als Gott weiß, wie die Dinge laufen sollten? Die Antwort war Ja – zumindest bis zu einem gewissen Grad. Ich stellte fest, dass es zunächst schmerzhaft war, Gottes Größe anzunehmen (zu sagen: „Dein Wille geschehe"), doch dann – auch wenn es seltsam klingen mag – auch zutiefst befreiend. Die Vorstellung, dass Gott genauso klein und endlich ist wie wir, mag sich nach Freiheit anfühlen, aber sie hilft nicht gegen die Wut.

Außerdem beschäftigte ich mich mit der Auferstehung Jesu. Die Ironie des Schicksals wollte es, dass ich bereits mit der Arbeit an meinem Buch über die Auferstehung, „Hoffnung in Zeiten der Angst", begonnen hatte.[51] Vor meiner Krebserkrankung war die Auferstehung für mich ein eher theoretisches Thema – jetzt nicht mehr. Ich kenne den gängigen Vorwurf, dass jeder Glaube an ein Leben nach dem Tod bloße Wunscherfüllung ist, die sich nicht an Fakten orientiert, und dass der Glaube an Jesus in die gleiche Kategorie fällt wie der Glaube an das fliegende Spaghettimonster. Doch in den letzten 20 Jahren hat mich die Arbeit des britischen Bibelwissenschaftlers N. T. Wright fasziniert, der die leibliche Auferstehung Jesu historisch begründet.[52]

Nun sah ich mir seine Arbeit noch einmal an, allerdings mit größerer Skepsis als früher. Ich wollte nicht auf etwas hereinfallen. Aber als ich seine Argumente noch einmal las, erschienen sie mir noch beeindruckender und zutreffender als zuvor. Sie gaben mir einen Ansatzpunkt, um wieder ein Bein auf den Boden zu bekommen. Dennoch brauchte ich mehr als nur eine gedankliche Zustimmung, um an die Auferstehung zu glauben.

Die Herzensarbeit kam dazu, als ich darum kämpfte, die Kluft zu überwinden zwischen einem abstrakten Glauben und einem, der die Vorstellungskraft berührt. Wie der frühe amerikanische Erweckungsprediger Jonathan Edwards argumentiert hat: Es ist *eine* Sache, mit Gewissheit zu glauben, dass Honig süß ist – etwa weil viele vertrauenswürdige Menschen davon berichten –, aber eine andere, die Süße des Honigs tatsächlich zu schmecken. Die Süße des Honigs auf der Zunge zu spüren führt zu einer tieferen Erkenntnis des Honigs als jede rationale Schlussfolgerung. Genauso ist es *eine* Sache, an einen Gott zu glauben, der Attribute wie Liebe, Macht und Weisheit hat; aber es ist etwas ganz anderes, die Wirklichkeit dieses Gottes im eigenen Herzen zu spüren. Die Bibel ist voll von sinnlicher Sprache. Wir sollen nicht nur *glauben*, dass Gott gut ist, sondern seine Güte auch „schmecken“, sagt der Psalmist; wir sollen nicht nur *glauben*, dass Gott herrlich und mächtig ist, sondern ihn auch „mit den Augen des Herzens sehen“, wie es im Epheserbrief heißt.

Am 6. Dezember 1273 stellte Thomas von Aquin die Arbeit an seiner monumentalen *Summa Theologiae* ein. Als sein Freund Reginald nach dem Grund fragte, antwortete er, er habe eine selige Gotteserfahrung gemacht, die seine gesamte Theologie im Vergleich dazu „wie Stroh“ erscheinen lasse. Das war keine Absage an seine Theologie, aber Thomas hatte den Unterschied erlebt zwischen einer Abhandlung über Gott und Gott selbst, und dieser Unterschied war riesig. Ich kann zwar nicht behaupten, dass eine meiner Gotteserfahrungen in den letzten Monaten „selig“ war, aber sie waren tiefer und süßer als alles, was ich bisher erlebt habe. Mein Weg dorthin führte über drei geistliche Übungen.

Die erste war, mich in die Psalmen zu vertiefen, um sicher zu sein, dass ich nicht einem Gott begegne, den ich mir selbst ausgedacht habe. Jeder Gott, den ich mir ausdenke, wird sicherlich weniger verstörend und anstößig sein, aber wie kann mir ein solcher Gott widersprechen, wenn mein Herz mir einredet, dass es keine Hoffnung gibt oder dass ich wertlos bin? Die Psalmen zeigen mir einen Gott, der einen in seiner Komplexität in den Wahnsinn treiben kann, aber diese schwierige Gottheit wirkt wie ein reales Wesen, nicht wie eines, das sich ein Mensch ausgedacht hat. Durch die Psalmen wuchs in mir das Vertrauen, dass ich vor dem stehe, „mit dem wir es zu tun haben“[53] (vgl. Hebr 4,13).

Mit den Augen des Herzens sehen

Die zweite war eine Übung, die frühere Autoren wie Edwards als geistliches Selbstgespräch bezeichnet haben. Vorbilder dafür findet man in den Psalmen 42 und 103, wo der Psalmist sagt: „Warum bist du so niedergeschlagen, meine Seele?" und „Lobe den Herrn, meine Seele. Und vergiss nicht, was er dir Gutes getan hat". Die Autoren wenden sich weder an Gott noch an ihre Leser, sondern an ihre eigene Seele, an ihr *Selbst* oder *Ich*. Es geht weniger darum, dass sie auf ihr Herz hören, sondern vielmehr darum, dass sie mit ihm sprechen. Sie befragen es und erinnern es an Gott. Sie nehmen Wahrheiten über Gott und schieben sie tief in ihre Herzen hinein, bis sie dort Feuer fangen.

Ich musste mein tiefstes Vertrauen, meine größte Liebe und meine stärksten Ängste unter die Lupe nehmen und sie mit Gott in Verbindung bringen. Manchmal – nicht immer, nicht einmal meistens – führt dies, wie der Dichter George Herbert es beschrieben hat, zu „einer Art Melodie [...] Sanftheit und Frieden und Freude und Liebe und Glückseligkeit, erhabenes Manna [...] der Himmel im Gewöhnlichen". Aber auch wenn die meisten täglichen Stunden mit der Bibel, in Betrachtung, Selbstgespräch und Gebet nicht diese Art von Musik hervorbringen, wuchs die Realität Gottes und seiner Verheißungen in mir. Meine Vorstellungskraft wurde immer fähiger, sich die Auferstehung vorzustellen und mein Herz darauf auszurichten.

Für mich als Christ war besonders wichtig, dass Jesu teure Liebe, sein Tod und seine Auferstehung nun nicht mehr nur etwas war, das ich glaubte und dann zur Seite legte, sondern eine Hoffnung, die mich den ganzen Tag über trug. Als dritte Übung bete ich täglich folgendes Gebet; manchmal bin ich davon regelrecht elektrisiert, aber letztlich beruhigt es mich immer:

*Und wie ich mich schlafen lege*
*Und heute morgen nur durch deine Gnade aufgestanden bin,*
*bewahre mich in der frohen, lebendigen Erinnerung,*
*dass ich, was auch immer geschieht,*
*eines Tages meine endgültige Auferstehung erleben werde,*
*weil Jesus Christus für mich in den Tod gegangen*
*und zu meiner Rechtfertigung auferstanden ist.*

Welche Auswirkungen hat diese wachsende geistliche Realität auf mein Leben? Mit am schwersten zu erklären ist, was aus meinen Freuden und Ängsten geworden ist. Seit meiner Diagnose haben Kathy und ich gemerkt: Je mehr wir versucht haben, aus dieser Welt den Himmel zu machen, je mehr wir Trost und Sicherheit in ihr gesucht haben, desto weniger konnten wir unsere Freude an ihr haben.

Kathy findet tiefen Trost und Ruhe an den vertrauten, tröstlichen Orten, an denen wir Urlaub machen. Manche von ihnen sind Hütten mit nackten herunterhängenden Glühbirnen, aber es sind ihre Sehnsuchtsorte. Meine Pseudo-Erlösungen sind berufliche Ziele und Errungenschaften – noch dieses Buch oder jenes Projekt, noch ein Meilenstein in der Gemeinde. Deshalb stellten wir fest, dass wir am Ende eines Strandurlaubs ganz weit auseinanderlagen und doch seltsam nah beieinander: Kathy klagte schon über die Abreise, als wir kaum angekommen waren, sodass sie den Urlaub gar nicht genießen konnte. Sie stellte sich vor, sich mit Handschellen an das

Geländer der Veranda zu fesseln und sich nicht mehr vom Fleck zu bewegen. Ich hingegen war immer unruhig und wollte eigentlich so schnell wie möglich wieder zurück, um an die Arbeit zu gehen. Die meiste Zeit am Strand verbrachte ich damit, Notizen zu machen und Pläne zu schmieden. Keiner von uns hatte gelernt, den Augenblick zu genießen, und so kamen wir nie erholt nach Hause.

Die Worte eines kleinen grünen Jedi-Meisters Joda passten perfekt zu mir: „Sein Leben lang hat er weggeschaut […] in die Zukunft, zum Horizont. Nie daran gedacht, wo er war." Kathy und ich hätten es besser wissen müssen. Wir haben es besser gewusst.

Pseudoerlösungen: Das Gute zum Höchsten machen

Wenn wir das Gute zum Höchsten machen, wenn wir es zu unserem größten Trost und unserer größten Liebe machen, wird es uns zwangsläufig bitter enttäuschen. Augustin hat den berühmten Satz geprägt: „*Du hast* uns auf dich hin *geschaffen*, o Gott, und *unser Herz ist unruhig, bis es Ruhe findet in dir.*"[54]

Der Hymnenschreiber John Newton aus dem 18. Jahrhundert stellte Gott so dar, dass er zur menschlichen Seele sagt: „Diese inneren Prüfungen setze ich ein, um dich von Stolz und Selbstsucht zu befreien und deine Pläne für irdische Freude zu durchbrechen, damit du alles in mir findest."[55]

Zu unserer Überraschung und Ermutigung haben Kathy und ich entdeckt, dass wir diese Welt umso mehr genießen können, je weniger wir versuchen, sie in einen Himmel zu verwandeln. Wir überfrachten sie nicht mehr mit Erwartungen, die sie unmöglich erfüllen kann. Wir haben gemerkt, dass die einfachsten Dinge mehr Freude denn je bereiten – vom Glitzern der Sonne auf dem Wasser und den Blumen in der Vase bis hin zu unseren Umarmungen, unserem Sex und unseren Gesprächen. Das hat uns überrascht.

Diese Veränderung war keine Revolution über Nacht. Während mir die Wirklichkeit Gottes langsam, schmerzhaft und unter vielen Tränen immer tiefer im Herzen bewusst wird, sind die einfachsten Freuden dieser Welt zu Quellen täglichen Glücks geworden. Erst als ich (in Ermangelung eines besseren Begriffs) „himmlischer" gesinnt wurde, konnte ich diese Welt als das wunderbar gute, göttliche Geschenk sehen, das sie ist.

Ich kann aufrichtig und ohne jede Sentimentalität oder Übertreibung sagen, dass ich noch nie in meinem Leben so glücklich und getrost gewesen bin. Aber es stimmt auch, dass ich noch nie so viel traurig war. Eine unserer engsten Freundinnen hat ihren Mann vor sechs Jahren durch Krebs verloren. Sie erzählt, dass auch jetzt noch, auch wenn es ihr gut zu gehen scheint, manchmal wie aus dem Nichts eine Erinnerung oder ein Gedanke sie plötzlich überfällt und vor Kummer lähmt.

Ja. Aber ich bin dankbar für diese Seitenhiebe, denn sie erinnern mich daran, mich wieder auf die Überzeugungen in meinem Kopf und die Prozesse in meinem Herzen zu besinnen. Wenn ich mir Zeit nehme, mich daran zu erinnern, wie ich mit meinen Ängsten umgehe und meine Freuden genieße, ist der Trost stärker als je zuvor.

# ANHANG

## 1. Wenn Sie Ihrem eigenen Tod ins Auge sehen

Der christliche Glaube bietet den Gläubigen im Angesicht des Todes unvergleichliche Aussichten und eine unvergleichliche Hoffnung. Wir sollten immer um Heilung beten, denn wir haben einen allmächtigen Gott, der unsere Gebete hört. Aber wir sollten auch bereit sein, Gott jederzeit von Angesicht zu Angesicht zu begegnen. Hier erhalten wir die Gelegenheit für beides – zu beten *und* uns vorzubereiten.

Glauben Sie, dass Jesus gekommen ist, um Ihr Retter zu sein, um so zu leben, wie Sie es hätten sollen, und an Ihrer Stelle zu sterben, um Ihre Sünden zu sühnen und Ihnen die Erlösung als freies Geschenk der Gnade zu geben? Haben Sie eine echte Umkehr erlebt und bereut, was Sie falsch gemacht haben? Vertrauen Sie allein auf ihn, um vor Gott angenommen zu sein?

Wenn Sie diesen Glauben haben, dann werden Sie nicht von Gott verurteilt (Römer 8,1).

Wenn Sie dennoch Schwierigkeiten haben, Gottes Trost und die Gewissheit seiner Liebe im Angesicht des Todes zu erleben, dann sollte das ein Anlass sein, sich zu fragen: Ist mir wirklich bewusst, was es bedeutet, dass ich durch den Glauben an das Werk Christi gerettet bin und nicht durch mein eigenes Tun? Könnte es sein, dass mein Herz auf subtile Weise immer noch hier und da dem Glauben anhängt, dass wir uns unser Heil verdienen müssen? Dann werden Erinnerungen an vergangenes moralisches Versagen Ihr Herz trüben. Weisen Sie diese Gedanken zurück und verinnerlichen Sie Philipper 3,4-9, wo Paulus sagt, dass er sich am ehesten hätte „aufs Fleisch verlassen" können – also sich durch seine gute Lebensführung einen Anspruch auf das ewige Leben hätte erarbeiten können. Er selbst war der religiöseste und moralisch eifrigste Mensch, den er kannte. Aber er erkannte, dass all dies nutzlos war. Es kommt darauf an,

> *mit ihm verbunden zu sein. Darum will ich nichts mehr wissen von jener Gerechtigkeit, die sich auf das Gesetz gründet und die ich mir durch eigene Leistungen erwerbe. Vielmehr geht es mir um die Gerechtigkeit, die uns durch den Glauben an Christus geschenkt wird – die Gerechtigkeit, die von Gott kommt und deren Grundlage der Glaube ist. (V. 9)*

Es gibt viele biblische Verheißungen, über die Gläubige im Angesicht des Todes nachdenken können. Hier sind einige Texte, auf die Sie sich im Laufe einer Woche einlassen können, wenn Sie über Ihren eigenen Tod nachdenken oder ihm gegenüberstehen. Es sind sieben – einer für jeden Tag.

## MONTAG

*Es ist meine sehnliche Erwartung und meine feste Hoffnung, dass ich in keiner Hinsicht beschämt und enttäuscht dastehen werde, sondern dass ich – wie es bisher immer der Fall war – auch jetzt mit ganzer Zuversicht auftreten kann und dass die Größe Christi bei allem sichtbar wird, was mit mir geschieht, ob ich nun am Leben bleibe oder sterbe. Denn der Inhalt meines Lebens ist Christus, und deshalb ist Sterben für mich ein Gewinn. Andererseits kann ich, solange ich noch hier auf der Erde lebe, eine Arbeit tun, die Früchte trägt. Daher weiß ich nicht, was ich vorziehen soll. Ich bin hin- und hergerissen: Am liebsten würde ich das irdische Leben hinter mir lassen und bei Christus sein; das wäre bei Weitem das Beste. (Philipper 1,20-23)*

Der Tod ist nach der Bibel eine tragische Ungeheuerlichkeit, dennoch ist er für Christen, die sich ihrer Beziehung zu Gott sicher sind, eine Situation, in der man nur gewinnen kann. Sowohl hier als auch im Himmel gibt es einzigartige Möglichkeiten für Dienst und Freude an Gott. Paulus lügt nicht, wenn er sagt, er sei „hin- und hergerissen".

## DIENSTAG

*Und nun spricht der HERR, der dich geschaffen hat, Jakob, und dich gemacht hat, Israel: Fürchte dich nicht, denn ich habe dich erlöst; ich habe dich bei deinem Namen gerufen; du bist mein! Wenn du durch Wasser gehst, will ich bei dir sein, und wenn du durch Ströme gehst, sollen sie dich nicht ersäufen. Wenn du ins Feuer gehst, wirst du nicht brennen, und die Flamme wird dich nicht versengen. Denn ich bin der HERR, dein Gott, der Heilige Israels, dein Heiland. Ich gebe Ägypten für dich als Lösegeld, Kusch und Seba an deiner statt. (Jesaja 43,1-3)*

Gott sagt, dass er uns, wenn wir zu ihm gehören, niemals loslassen wird. Wenn wir hier leiden, wird uns das nur schöner machen, so wie Druck einen Diamanten formt. Und wenn wir sterben, ist das nur eine dunkle Durchgangstür zur ultimativen Freude. Betrachten Sie diesen Hymnus, der auf Jesaja 43 basiert:

*Mein Herz, das an Jesus sich lehnt mit Vertraun,*
*kann sicher auf deine Verheißungen baun;*
*und mag alle Hölle auch gegen mich sein,*
*Du lässest mich nimmer,*
*du lässest mich nimmer*
*o nimmer allein.* [56]

## MITTWOCH

*Das sind also die Gründe, weshalb wir uns nicht entmutigen lassen. Mögen auch die Kräfte unseres äußeren Menschen aufgerieben werden – unser in-*

*nerer Mensch wird Tag für Tag erneuert. Denn die Nöte, die wir jetzt durchmachen, sind nur eine kleine Last und gehen bald vorüber, und sie bringen uns etwas, was von unvergleichlich viel größerem Gewicht ist: eine unvorstellbare und alles überragende Herrlichkeit, die nie vergeht. Wir richten unseren Blick nämlich nicht auf das, was wir sehen, sondern auf das, was jetzt noch unsichtbar ist. Denn das Sichtbare ist vergänglich, aber das Unsichtbare ist ewig. (2. Korinther 4,16-18)*

Wenn wir bis ins hohe Alter leben, spüren wir, wie unser Körper abbaut (und unsere äußere Attraktivität nachlässt), doch wenn wir in Gottes Gnade wachsen, wird unsere Seele gleichsam stärker und schöner. Im Tod wird diese Umkehrung vollständig: Unser Körper löst sich auf und wir werden herrlich strahlen. Trösten Sie sich mit diesen Worten.

## DONNERSTAG

*So gleicht zum Beispiel der Körper, in dem wir hier auf der Erde leben, einem Zelt, das eines Tages abgebrochen wird. Doch wir wissen: Wenn das geschieht, wartet auf uns ein Bauwerk, das nicht von Menschenhand errichtet ist, sondern von Gott, ein ewiges Haus im Himmel."*

*„Von allen Seiten dringen Schwierigkeiten auf uns ein, und doch werden wir nicht erdrückt. Oft wis-*

*sen wir nicht mehr weiter, und doch verzweifeln wir nicht. Wir werden verfolgt und sind doch nicht verlassen; wir werden zu Boden geworfen und kommen doch nicht um. (2. Korinther 5,1; 4,8-9)*

Ein Militärgeistlicher soll einem verängstigten Soldaten vor einer Schlacht gesagt haben: „Wenn du lebst, wird Jesus bei dir sein, aber wenn du stirbst, wirst du bei ihm sein. So oder so ist er bei dir."

## FREITAG

*Euer Herz erschrecke nicht! Glaubt an Gott und glaubt an mich! In meines Vaters Hause sind viele Wohnungen. Wenn's nicht so wäre, hätte ich dann zu euch gesagt: Ich gehe hin, euch die Stätte zu bereiten? Und wenn ich hingehe, euch die Stätte zu bereiten, will ich wiederkommen und euch zu mir nehmen, auf dass auch ihr seid, wo ich bin.*
*Frieden lasse ich euch, meinen Frieden gebe ich euch. Nicht gebe ich euch, wie die Welt gibt. Euer Herz erschrecke nicht und fürchte sich nicht. (Johannes 14,1-3.27)*

Der Frieden, den die Welt geben kann, besagt höchstens: „Wahrscheinlich wird's nicht so schlimm werden." Der Friede Jesu ist anders; er besagt: „Selbst das Schlimmste, was passieren kann – dein Tod –, ist letztlich das Beste, was dir passieren kann." Wir alle sehnen uns nach einem

Ort, der wirkliche Heimat ist. Jesus sagt, dass dieser Ort auf uns wartet.

## SAMSTAG

*Wenn wir behaupten, ohne Sünde zu sein, betrügen wir uns selbst und verschließen uns der Wahrheit. Doch wenn wir unsere Sünden bekennen, erweist Gott sich als treu und gerecht: Er vergibt uns unsere Sünden und reinigt uns von allem Unrecht, das wir begangen haben. Wenn wir behaupten, wir hätten nicht gesündigt, machen wir Gott zum Lügner und geben seinem Wort keinen Raum in unserem Leben. Meine lieben Kinder, ich schreibe euch diese Dinge, damit ihr nicht sündigt. Und wenn jemand doch eine Sünde begeht, haben wir einen Anwalt, der beim Vater für uns eintritt: Jesus Christus, den Gerechten. (1. Johannes 1,8–2,1)*

Wenn wir uns weigern, unsere Sünde einzugestehen, und versuchen, sie zu vertuschen, wird Gott sie aufdecken. Wenn wir sie aufdecken, ohne Ausflüchte zu suchen, wird Gott sie auf höchst erstaunliche Weise zudecken. Gläubige wissen, dass Christus sozusagen vor dem göttlichen Richterstuhl steht und unser Fürsprecher oder Anwalt ist. Wenn Gott, der Richter, uns sieht, wird er uns also „in Christus“ sehen und unsere Sünden können uns nicht verurteilen. Christen brauchen weder den Tod noch das Gericht zu fürchten.

*Denn ich bin überzeugt, dass dieser Zeit Leiden nicht ins Gewicht fallen gegenüber der Herrlichkeit, die an uns offenbart werden soll.*
*Was wollen wir nun hierzu sagen? Ist Gott für uns, wer kann wider uns sein? Der auch seinen eigenen Sohn nicht verschont hat, sondern hat ihn für uns alle dahingegeben – wie sollte er uns mit ihm nicht alles schenken? Wer will die Auserwählten Gottes beschuldigen? Gott ist hier, der gerecht macht. Wer will verdammen? Christus Jesus ist hier, der gestorben ist, ja mehr noch, der auch auferweckt ist, der zur Rechten Gottes ist und für uns eintritt. Wer will uns scheiden von der Liebe Christi? Trübsal oder Angst oder Verfolgung oder Hunger oder Blöße oder Gefahr oder Schwert?*
*Aber in dem allen überwinden wir weit durch den, der uns geliebt hat. Denn ich bin gewiss, dass weder Tod noch Leben, weder Engel noch Mächte noch Gewalten, weder Gegenwärtiges noch Zukünftiges, weder Hohes noch Tiefes noch irgendeine andere Kreatur uns scheiden kann von der Liebe Gottes, die in Christus Jesus ist, unserm Herrn. (Römer 8,15.31-35.37-39[57])*

Die Antwort auf die Frage von Paulus lautet: „Gar nichts! Nichts im Himmel oder auf der Erde oder sonstwo kann uns von der Liebe Gottes in Christus trennen!"

Wir stehen an den Särgen unserer Liebsten oder denken an unseren eigenen zukünftigen Tod und sind zuversichtlich, dass nichts uns von Gott trennen kann.

## 2. Wenn ein geliebter Mensch gestorben ist

Wenn der Tod plötzlich gekommen ist, gehen Sie weitreichende Entscheidungen für Ihr Leben nicht zu schnell an, z. B. wo Sie wohnen werden oder ob Sie Ihren Arbeitsplatz wechseln. Wahrscheinlich ist dies nicht der richtige Zeitpunkt, um solche Entscheidungen zu treffen. Wenn der geliebte Mensch nach einer sehr langen Krankheit gestorben ist oder gar nach einer Zeit der Bewusstlosigkeit oder Demenz, beginnt das Loslassen oft schon vor seinem Tod. Doch wenn der Tod ein unerwarteter Schock ist, kann sich für eine ganze Weile ein Gefühl von Unwirklichkeit einstellen. Man hat den Eindruck, dass man sich in einem Traum oder Film befindet oder jemand anderes ist. In einem solchen Zustand sollten Sie einen Tag nach dem anderen in Angriff nehmen, einen Schritt nach dem anderen gehen und nicht zu viel oder zu wenig Zeit mit anderen Menschen verbringen. Wenn die Realität Sie einholt und Sie schließlich anfangen, die Person loszulassen, werden Sie besser in der Lage sein, über Ihre Zukunft nachzudenken. Hetzen Sie sich nicht.

Seien Sie ehrlich mit Ihren Gedanken und Gefühlen, sei es gegenüber anderen, gegenüber Gott oder auch gegenüber sich selbst. Halten Sie es nicht für „ungeistlich“, zu zweifeln und zu schreien. Denken Sie an Jesus, der über den Tod seines Freundes Lazarus weinte und zornig war. Erinnern Sie sich an Hiob, der Gott angeschrien hat. Hiob beklagte sich lautstark – aber er ging damit zu Gott. Er hörte nie auf zu beten und Gott zu begegnen, auch wenn er in dem Moment nicht viel davon hatte. Nur weil wir wissen, dass ein geliebter Mensch bei Christus ist und wir uns eines Tages wiedersehen werden, heißt das nicht, dass wir uns jetzt einfach freuen und unsere Trauer oder gar Wut unterdrücken sollen. Ganz und gar nicht. Jesus hat seine Wut nicht unterdrückt! Dennoch sollten Sie Ihre Emotionen nicht völlig unbeherrscht zum Ausdruck bringen, denn das könnte Ihnen oder Ihren Mitmenschen schaden.

Wenn wir einen gläubigen geliebten Menschen verloren haben, denken wir an die Freude, die er oder sie jetzt hat. Als C. S. Lewis' Frau starb, hörte er jemanden sagen: „Sie ist in Gottes Hand", und plötzlich hatte er ein Bild:

> *„Sie ist in Gottes Hand". Das gewinnt neue Kraft, wenn ich sie mir als Schwert denke. Vielleicht gehörte das irdische Leben, das ich mit ihr geteilt habe, einfach zum Vorgang des Härtens. Jetzt packt ER vielleicht den Griff; wägt die neue Waffe, läßt sie durch die Luft blitzen. „Ein Schwert, Jerusalems würdig." [… ]Wie boshaft wäre es, die Toten zurückzurufen!*[58]

Wenn wir unsere Lieben jetzt physisch sehen könnten, wären sie so strahlend und unfassbar schön, dass wir versucht wären, vor ihnen niederzufallen und sie anzubeten. (Wenn sie uns das erlauben würden.)

Die größte Herausforderung nach dem Verlust eines geliebten Menschen liegt darin, zu erkennen, dass die Liebe, Freude und Gnade, die jetzt verschwunden zu sein scheinen, immer noch da sind. Sie fließen direkt aus der ursprünglichen Quelle, dem Herrn selbst. In der Gemeinschaft mit ihm gibt es Tiefen, Quellen der Kraft, die Sie noch gar nicht angezapft haben. Das wird nicht von einem Tag auf den anderen geschehen. Erwarten Sie nicht, dass sich Ihr Gebetsleben jetzt besonders gut anfühlt. Es wird sich genauso unwirklich anfühlen wie alles andere. Aber irgendwann werden Sie Trost und Frieden finden, die Ihre kühnsten Vorstellungen übertreffen. Wenn wir andere Bezugspunkte haben (Ehepartner, Familie, Freunde, Gesundheit, Heim, Sicherheit), haben wir es nicht nötig, wirklich die Tiefen dessen auszuloten, was uns in Abendmahl und Gebet zur Verfügung steht. Aber es gibt unendliche Quellen an Gnade. Mehr als genug, um für den Rest Ihres Lebens gerüstet zu sein – als ein tiefgründigerer, weiserer und (in mancher Hinsicht) sogar fröhlicherer Mensch als vor der Tragödie. Diese Art von Verwundung verschwindet nie ganz. Aber wie die Wundmale in den Händen Jesu können sie zu „reichen Wunden […] in verherrlichter Schönheit“ werden.[59] Haben Sie die Hoffnung, dass Sie sich nicht immer so leer fühlen müssen wie jetzt.

Hier finden Sie einige Texte, mit denen Sie sich im Laufe einer Woche beschäftigen können, wenn Sie den Tod eines geliebten Menschen verarbeiten. Es sind sieben – einer für jeden Tag:

## MONTAG

> *Sind seine Tage bestimmt, steht die Zahl seiner Monde bei dir und hast du ein Ziel gesetzt, das er nicht überschreiten kann: So blicke doch weg von ihm, damit er Ruhe hat, bis sein Tag kommt, auf den er sich wie ein Tagelöhner freut. (Hiob 14,5-6)*

> *Entfernt hast du von mir Freunde und Nachbarn, mein Vertrauter ist nur noch die Finsternis. (Psalm 88,19[60])*

Was heißt das, dass Gott solche Gedanken nicht nur erlaubt, sondern sogar in sein Wort aufgenommen hat? Er weiß, wie wir fühlen und sprechen, wenn wir verzweifelt sind.[61]

## DIENSTAG

> *Der Gerechte ist umgekommen und niemand ist da, der es zu Herzen nimmt, und fromme Leute sind hingerafft und niemand achtet darauf, denn der Gerechte ist weggerafft durch die Bosheit und geht zum Frieden ein. Es ruhen auf ihren Lagern, die recht gewandelt sind. (Jesaja 57,1-2)*

Aus unserer Sicht ist der Tod – vor allem für junge Menschen – nichts als ein großes Übel. Doch wir kennen die Zukunft nicht. Was wäre, wenn der Tod Gottes Weg ist, die Menschen zu sich zu holen, ihnen Frieden zu geben und sie vor dem Bösen zu bewahren? Warum ist das für uns Menschen so widersinnig?

## MITTWOCH

Lesen Sie Johannes 11,17-44. Jesus zeigt, dass er den Tod sowohl aus der Perspektive Gottes als auch aus der Sicht der trauernden Menschen sieht: Er weint mit Maria und Martha und ist voller Zorn über den Tod (V. 38), obwohl er weiß, dass er Lazarus gleich zum Leben erwecken wird. Auch wenn Gott sein Volk zu sich nach Hause holt, kennt er den Kummer und die Verheerung, die der Tod verursacht, und trauert mit uns. Hilft Ihnen das Wissen, dass Gott den Tod hasst, in irgendeiner Weise?

> *Da sagte Jesus zu ihr: „Ich bin die Auferstehung und das Leben. Wer an mich glaubt, wird leben, auch wenn er stirbt. Und wer lebt und an mich glaubt, wird niemals sterben. Glaubst du das?“ (Johannes 11,25-26)*

Wie ist es mit Ihnen – glauben Sie das? Wenn ja, wie wirkt sich das auf Ihre Trauer aus?

## DONNERSTAG

> *Wenn Christus nicht auferstanden ist, ist euer Glaube eine Illusion; die Schuld, die ihr durch eure Sünden auf euch geladen habt, liegt dann immer noch*

*auf euch. Und auch die, die im Glauben an Christus gestorben sind, sind dann verloren. Wenn die Hoffnung, die Christus uns gegeben hat, nicht über das Leben in der jetzigen Welt hinausreicht, sind wir bedauernswerter als alle anderen Menschen. Doch es verhält sich ja ganz anders: Christus ist von den Toten auferstanden! Er ist der Erste, den Gott auferweckt hat, und seine Auferstehung gibt uns die Gewähr, dass auch die, die im Glauben an ihn gestorben sind, auferstehen werden. Der Tod kam durch einen Menschen in die Welt; entsprechend kommt es nun auch durch einen Menschen zur Auferstehung der Toten. Genauso, wie wir alle sterben müssen, weil wir von Adam abstammen, werden wir alle lebendig gemacht werden, weil wir zu Christus gehören. (1. Korinther 15,17-22)*

Für Paulus hängt die Glaubwürdigkeit des ganzen Christseins daran, ob Jesus wirklich von den Toten auferstanden ist oder nicht. Wenn christlicher Glaube nur ein Trost in diesem Leben ist, dann sind wir zu bedauern, und diejenigen, die in der Hoffnung auf Christus gestorben sind, für immer verloren. Bevor also irgendeine andere Lehre oder These des Christentums in den Fokus rückt, ist dies die zentrale Frage: Wurde Jesus wirklich von den Toten auferweckt? Lautet die Antwort Ja, dann geht es weiter, wenn auch unter Schmerzen, zur Hoffnung. Wenn nicht, dann ist das Leben sinnlos. Was von beidem stimmt?

*So gleicht zum Beispiel der Körper, in dem wir hier auf der Erde leben, einem Zelt, das eines Tages abgebrochen wird. Doch wir wissen: Wenn das geschieht, wartet auf uns ein Bauwerk, das nicht von Menschenhand errichtet ist, sondern von Gott, ein ewiges Haus im Himmel. In unserem irdischen Zelt seufzen wir, weil wir uns nach der Wohnung sehnen, die aus dem Himmel stammt, und am liebsten würden wir den neuen Körper wie ein Gewand direkt über den alten anziehen. Denn nur dann, wenn wir den neuen Körper angezogen haben, werden wir nicht unbekleidet dastehen. Ja, solange wir noch in unserem irdischen Zelt wohnen, wo so vieles uns bedrückt, seufzen wir voll Sehnsucht, denn wir möchten den jetzigen Körper am liebsten gar nicht erst ablegen müssen, sondern den künftigen unmittelbar darüber anziehen. Auf diese Weise würde das, was sterblich ist, sozusagen vom Leben verschlungen. Gott selbst hat uns auf dieses neue Leben vorbereitet, indem er uns seinen Geist als Unterpfand und Anzahlung gegeben hat. (2. Korinther 5,1-15)*

Paulus lehnt die Vorstellung ausdrücklich ab, dass wir nach dem Tod zu körperlosen Geistern werden; stattdessen werden wir mit Unsterblichkeit bekleidet. Dieses Thema hatte er auch in 1. Korinther 15 behandelt, als er über die Auferstehung des Leibes sprach (V. 42-54). Das

Durchschreiten des Todes bedeutet also nicht den Eintritt in ein nebulöses, geisterhaftes Leben nach dem Tod, sondern in ein Leben unvorstellbarer Fülle und Freude. Unsere geliebten Menschen verlassen uns nicht, um in der Dunkelheit zu verschwinden. Sie verlassen uns und gehen ins Licht.

**SAMSTAG**

> *Der HERR ist mein Hirte, mir wird nichts mangeln. Er weidet mich auf einer grünen Aue und führet mich zum frischen Wasser. Er erquicket meine Seele. Er führet mich auf rechter Straße um seines Namens willen. Und ob ich schon wanderte im finstern Tal, fürchte ich kein Unglück; denn du bist bei mir, dein Stecken und Stab trösten mich. Du bereitest vor mir einen Tisch im Angesicht meiner Feinde. Du salbest mein Haupt mit Öl und schenkest mir voll ein. Gutes und Barmherzigkeit werden mir folgen mein Leben lang, und ich werde bleiben im Hause des HERRN immerdar. (Psalm 23)*

Hier finden wir einiges an Trost für Trauernde. Wenn Sie durch ein finsteres Tal wandern (auch: „Tal der Todesschatten"), machen Sie sich bewusst, dass es Jesus ist, der große Hirte, der Sie dorthin geführt hat. Er kann Ihnen Trost spenden und Sie auf eine Weise stärken, tiefer gründen und wachsen lassen, wie es sonst nicht möglich wäre. Danken Sie also für seine Gegenwart, weigern Sie sich, in Selbstmitleid zu baden, und suchen Sie ihn im Gebet, auch wenn Sie seine Gegenwart nicht spüren. Er ist da. Jesus selbst ist allein und abgelehnt von allen in den Tod gegangen (Matthäus 27,46). Wir sind also nie allein, wenn wir den Tod von geliebten Menschen oder gar unseren eigenen Tod erleben.

## SONNTAG

*Müssen wir denn nun noch damit rechnen, verurteilt zu werden? Nein, für die, die mit Jesus Christus verbunden sind, gibt es keine Verurteilung mehr. Denn wenn du mit Jesus Christus verbunden bist, bist du nicht mehr unter dem Gesetz der Sünde und des Todes; das Gesetz des Geistes, der lebendig macht, hat dich davon befreit. (Römer 8,1-2)*

Viele Menschen sind sich der Verurteilung, die über sie ausgesprochen wurde, nicht bewusst, oder zumindest nicht des Ausmaßes, abgesehen vielleicht von einem nagenden Gefühl der Unruhe. Im Angesicht des Todes lässt uns unser Feind jedoch das ganze Ausmaß des kosmischen Verrats erkennen, an dem auch wir uns schuldig gemacht haben. Welche Antwort haben wir dann? Nur die, dass Jesus unsere Strafe auf sich genommen und uns befreit hat, und dass es nun keine Verurteilung mehr für uns gibt. Freuen Sie sich!

# Dank

Wie immer geht mein Dank an Brian Tart, unseren Lektor bei Viking. Brian war es, der vorschlug, aus der kurzen Betrachtung über den Tod, die ich bei Terry Halls Beerdigung gehalten hatte, drei kleine Bücher über Geburt, Ehe und Tod zu machen. Wir danken auch unseren vielen Freunden in South Carolina, die es möglich gemacht haben, dieses und die anderen beiden Bücher im letzten Sommer in Folly Beach zu schreiben.

Schließlich und vor allem möchte ich meiner Frau Kathy danken, die in endlosen Bearbeitungsdurchläufen meine Originalpredigt von der Beerdigung ihrer Schwester Terry Hall in dieses kurze Buch verwandelt hat. Sie war in hohem Maße meine Co-Autorin. Danke, Liebling.

# Anmerkungen

1 Aus dem berühmten Zitat von Samuel Johnson, nach James Boswell, *The Life of Samuel Johnson, LLD* (New York: Penguin Classics, 2008), S. 231.

2 Das Buch „On Marriage" ist unter dem Titel „Das größte Versprechen: Gottes Ideen zur Ehe (Gießen: Brunnen, 2022) auf Deutsch erschienen.

3 https://www.theatlantic.com/ideas/archive/2021/03/tim-keller-growing-my-faith-face-death/618219, letzter Zugriff am 07.09.2022.

4 William Shakespeare in *Hamlet*, 4.3.30-31: „Jemand könnte mit dem *Wurm* fischen, der von einem König gegessen hat" (nach der Übersetzung von August Wilhelm von Schlegel).

5 Ernest Becker, *Dynamik des Todes: Die Überwindung der Todesfurcht – Ursprung der Kultur* (Olten und Freiburg i. Br.: Walter-Verlag, 1976), S. 54.

6 Annie Dillard, *The Living: A Novel* (New York: Harper Collins, 1992), S. 141.

7 Howard P. Chudacoff, *Children at Play: An American History* (New York: New York University Press, 2007), S. 22.

8 Atul Gawande, *Being Mortal: Medicine and What Matters in the End* (New York: Metropolitan Books, 2014).

9 Geoffrey Gorer, „The Pornography of Death", 2003, www.romolocapuano.com/wp-content/uploads/2013/08/Gorer.pdf (letzter Zugriff: 20.06.2022).

10 Vgl. David Bosworth, „The New Immortalists“, *Hedgehog Review* 17, Nr. 2 (Sommer 2015).

11 Richard A. Shweder, Nancy C. Much, Manamohan Mahapatra und Lawrence Park, „The ‚Big Three‘ of Morality (Autonomy, Community, Divinity) and the ‚Big Three‘ Explanations of Suffering“, in: Richard A. Shweder, *Why Do Men Barbecue? Recipes for Cultural Psychology* (Cambridge, MA: Harvard University Press, 2003), S. 74. Mehr hierzu findet sich bei Timothy Keller, *Gott im Leid begegnen* (Gießen: Brunnen, 2015), Kapitel 1, „Die Kulturen des Leides“, S. 23-49.

12 Shweder, *Why Do Men Barbecue?*, S. 125.

13 Mark Ashton, *On My Way to Heaven: Facing Death with Christ* (Chorley, UK: 10Publishing, 2010), S. 7-8.

14 Becker, *Dynamik des Todes,* S. 9.

15 Becker, *Dynamik des Todes,* S. 10.

16 Albert Camus, *Der Mythos des Sisyphos* (Hamburg: Rowohlt, verschiedene Ausgaben).

17 Ernest Becker, *Dynamik des Todes,* S. 54.

18 Vgl. Julian Barnes, *Nothing to Be Frightened Of* (London: Jonathan Cape, 2008). Der Artikel von Jessica E. Brown, „We Fear Death, but What If Dying Isn’t as Bad as We Think?“, ist aus *The Guardian,* 25.07.2017.

19 Luc Ferry, *A Brief History of Thought: A Philosophical Guide to Living* (New York: Harper, 2010), S. 4.

20 Aus: Dylan Thomas, *In Country Sleep, and Other Poems* (London: Dent, 1952), www.poets.org/poetsorg/poem/do-not-go-gentle-good-night (letzter Zugriff: 20.06.2022).

[21] Zitiert bei Wilfred M. McClay, „The Strange Persistence of Guilt", *Hedgehog Review* 19, Nr. 1 (Frühling 2017).

[22] McClay, „The Strange Persistence of Guilt".

[23] Zitiert nach McClay, „The Strange Persistence of Guilt".

[24] Andrew Delbanco, *The Death of Satan: How Americans Have Lost the Sense of Evil* (New York: Farrar, Straus und Giroux, 1995), S. 3, 9.

[25] David Brooks, „The Cruelty of Call-Out Culture", *New York Times*, 14.01.2019.

[26] McClay, „The Strange Persistence of Guilt".

[27] T. S. Eliot, „Murder in the Cathedral", aus: *The Complete Plays of T. S. Eliot* (New York: Harcourt, Brace, and World, Inc., 1935), S. 43.

[28] Shakespeare, *Hamlet,* 3.1.87-88, übersetzt von August Wilhelm Schlegel.

[29] Diese Geschichte erzählte uns unser Lehrer Dr. Addison Leitch 1970 im Collegekurs an der Bucknell University.

[30] William L. Lane, *Word Biblical Commentary Hebrews 1–8,* Bd. 47 (Dallas, TX: Word Books, 1991), 55-58.

[31] C. S. Lewis, „Das Gewicht der Herrlichkeit", in C. S. Lewis, *Das Gewicht der Herrlichkeit und andere Essays* (Basel und Gießen: Brunnen Basel, 2005), S. 107.

[32] Margaret N. Barnhouse, *That Man Barnhouse* (Carol Stream, IL: Tyndale House, 1983), S. 186.

[33] So die wörtliche Wiedergabe des Bibeltextes in einer Anmerkung der NGÜ.

34 Homer, *Ilias,* 24.549-551, zitiert nach N. T. Wright, *Die Auferstehung des Sohnes Gottes* (Marburg: Francke, 2014), S. 2 (eng. Orig: *The Resurrection of the Son of God* (Minneapolis, MN: Fortress Press, 2003).

35 Peter Kreeft, *Love Is Stronger Than Death* (San Francisco: Ignatius Press, 1979), S. 2-3.

36 Vgl. Jonathan Edwards, „Sermon Fifteen: Heaven Is a World of Love", in: *The Works of Jonathan Edwards,* WJE Online, Jonathan Edwards Center, Yale University, edwards.yale.edu/archive?path=aHR0cDovL2Vkd2FyZHMueWFsZS5lZHUvY2dpLWJpbi9uZXdwaGlsby9nZXRvYmplY3QucGw/Yy43OjQ6MTUud2plbw== (letzter Zugriff: 20.06.2022).

37 Zitiert nach LUT.

38 Aus dem Kirchenlied „Sometimes a Light Surprises", William Cowper, 1779. (Deutsch: „Manchmal überrascht ein Licht | den Christen, während er singt. | Es ist der Herr, der erscheint | mit Heilung unter seinen Flügeln.)

39 C. S. Lewis, „Das Gewicht der Herrlichkeit", in ders. Das Gewicht der Herrlichkeit und andere Essays, S. 93-108 (Basel und Gießen: Brunnen Basel, 2005), 106f.

40 Zitiert nach ELB.

41 Zitiert nach ELB.

42 John Flavel, *Pneumatologia: A Treatise of the Soul of Man*. In: *The Works of John Flavel,* Bd. 3 (Edinburgh: Banner of Truth Trust, 1968), S. 121. Die Sprache ist etwas modernisiert.

[43] Zitiert bei F. F. Bruce, *1 and 2 Thessalonians, Word Biblical Commentary* Bd. 45 (Plano, TX: Thomas Nelson, 1982), S. 96.

[44] Vgl. z. B. N. T. Wright, *Die Auferstehung des Sohnes Gottes* (Marburg, Francke, 2014), S. 38-101.

[45] Zitiert nach LUT

[46] C. S. Lewis, *Pardon, ich bin Christ* (Basel, Gießen: Brunnen Basel, 1997), S. 181.

[47] Ein *Anthem* ist in der englischen Kirchenmusik seit der 2. Hälfte des 16. Jahrhunderts eine motetten- oder kantatenartige Vertonung eines biblischen Textes in englischer Sprache. Im englischen Sprachgebrauch wird der Begriff auch allgemein für einen festlichen Gesang verwendet.

[48] Johannes Calvin, *Institutio* III,9,2, zitiert nach: Johannes Calvin, *Unterricht in der christlichen Religion – Insitutio Christianae Religioni*s, übers. v. Otto Weber, bearbeitet und neu herausgegeben von Matthias Freudenberg (Neukirchen: Neukirchener Theologie, 2012), S. 390.

[49] Vgl. S. 22.

[50] Paul Brand und Philip Yancey, *The Gift of Pain* (Grand Rapids, MI: Zondervan, 1997), S. 12.

[51] Timothy Keller, *Hope in Times of Fear: The Resurrection and the Meaning of Easter* (New York: Viking, 2021. Deutsch: *Hoffnung in Zeiten der Angst: Wie die Auferstehung die Welt verändert* (Gießen: Brunnen, 2022).

[52] Vgl. N. T. Wright, *Die Auferstehung des Sohnes Gottes* (Marburg, Francke, 2014).

53 Nach Hebräer 4,13 – *Anm. d. Übers.*

54 Augustinus, Bekenntnisse II/4.

55 In: Plymouth Collection of Hymns and Tunes (New York: A.S. Barnes & Company, 1856), Nr. 409 (S. 135).

56 Englisches Original: That soul that on Jesus has leaned for repose | I will not, I will not desert to its foes. | That soul though all hell should endeavor to shake | I'll never, no never, no never forsake. Aus: „How Firm a Foundation", ein Kirchenlied von John Rippon, 1787. Deutscher Text: Karl G. Maeser (1828–1901).

57 Zitiert nach LUT.

58 C. S. Lewis, *Über die Trauer* (Zürich: Benzinger 1991), S. 77; 89.

59 *„rich wounds [...] in beauty glorified"*, aus: „Crown Him with Many Crowns", ein Kirchenlied von Matthew Bridges and Godfrey Thring, 1851.

60 Zitiert nach EIN.

61 Derek Kidner, *Psalms 1–72: An Introduction and Commentary* (Leicester, UK: Inter-Varsity Press, 1973), S. 157.